RECOGE TU DIAMANTE

Reflexiones para cultivar la esperanza y la realización humana.

Javier Osorio Barajas

RECOGE TU DIAMANTE

@osoriobarajasjavier

javierosoriobarajas@gmail.com

@rubianoediciones

Depósito legal: CA2024000238
ISBN: 978-980-18-5118-9
Coordinación editorial
Elisabel Rubiano
Diseño y diagramación
Carmen Maura Peralta
Corrección
María De Castro Zumeta y Elisabel Rubiano

Este libro está dedicado a mi madre:

GRACIELA BARAJAS DE OSORIO

AGRADECIMIENTOS

Manifiesto mi amplia gratitud, aunque son anónimos y desconocían mi trabajo, a todos los que en gran parte han contribuido con mi progreso en la escritura. Fundamentalmente brindo mi reconocimiento a:

Mi hermana **MARINELLY OSORIO BARAJAS**, por su sabiduría y perseverancia frente a los conflictos; descubro con su voz consoladora y su impulso decisivo que no da nada por sentado, pone en claro que hay que perseguir los sueños, por distantes que parezcan.

Mi hermano **RICARDO OSORIO BARAJAS** es el influente que activa en mí todo, para procurarnos un mejor sendero de oportunidades; comprendiendo que, con ellas, las alegrías y beneficios se comparten y los lastres se dividen.

Los integrantes del equipo ejecutivo y operativo de Letra Minúscula; por la asesoría puntual y expedita, en cada área de acción a atender, cuyo objetivo macro voy apuntalando de a poco con sus acertadas orientaciones; son mis psicólogos de las letras.

PRÓLOGO

Hay personas que nacen, aún sin saberlo, para lograr en otros un cambio en su vida. El cambio es transformación y si el mismo se consigue por las buenas acciones de otros en su hacer, se convierte en algo de impacto para muchas personas. Se trata de buscar cómo generar en el otro el sacudón que le permita conocerse desde lo más profundo de su Ser.

En esta segunda producción de Javier Osorio Barajas titulada *Recoge tu diamante*, el autor se sumerge en una búsqueda incansable de ese Ser que hay en cada uno de nosotros, de ese bien no tan solo propio sino con irradiación para todos los demás, lo cual se convierte en una cadena donde se unen sentimientos, impulsos y acciones para hacer un mejor mundo cada día. Parece poco, pero no, en cada buenos días que damos, en cada gracia, en cada feliz día, en cada ayuda al prójimo, se van enlazando eslabones con trascendencia para la humanidad.

Y es así porque no solo es valioso lo que tiene un precio, un valor monetario, sobre esto nos hace reflexionar el autor. Se trata de dar valor a lo que algunos piensan que no lo tiene, pero esta lectura y el transcurrir por la vida enseña que esas cosas no cotizadas en el mercado con un precio asignado por la oferta y la demanda, son importantes para hacer sanar a una sociedad que se ha mercantilizado, muchas veces despersonalizado.

Se trata entonces, en un mundo atropellado a pasos agigantados por la inteligencia artificial, de volver al Ser, de revisarnos internamente qué estamos haciendo, de autoevaluarnos y preguntarnos y respondernos con sinceridad: ¿estamos dispuestos a ayudar a otros sin ningún tipo de interés a retribución alguna?, ¿cuántas veces hemos dejado de acompañar a alguien en una situación adversa por el simple hecho de no importarme porque no es cercano a mí?, ¿he respetado al otro, lo he escuchado, aun cuando no esté de acuerdo con sus posturas?, ¿me cuestiono cuando aun pudiendo hacer algo para mejorar la condición del otro no lo hago? Podríamos seguir preguntándonos a nosotros mismos en relación con nuestro diario accionar y luego en el silencio de la noche respondernos, es un ejercicio interesante.

Este libro es una extraordinaria oportunidad que nos concede el autor para sacar nuestro diamante interno, cual piedra preciosa, haciéndole brillar en todo su esplendor, con lo cual sentiremos una hermosa experiencia para ser cada día más benévolos y contribuir para que el mundo sea mejor, no desde una parcela sino a través de la multiplicación de buenas acciones, unidas por eslabones de una cadena cada vez más humana.

Dra. María De Castro Zumeta
Profesora Titular de la FaCE-UC
Autora de Libros y Artículos.
Tutora Docente.
Asesora Académica.
@saberescuchar

Hoy nos encontramos de nuevo con un texto que pretende mostrarles un compendio de enunciados con visión transformadora, matizado en un conjunto de elementos que apalancarán tu percepción y la orientarán hacia los horizontes más prometedores de éxito, dando sentido al desarrollo interior y, por ende, conquistar el esplendor financiero.

El todo poderoso toma mi mano derecha que guía mi bolígrafo, para transmitir un conjunto de propuestas conducentes a darte un plus en todas y cada una de las áreas de tu vida, con temas y contenidos que ni te habían pasado por la mente antes. Busco expandirte hacia los confines de los logros para proveerte del valor que siempre has poseído y quizás ignorabas por distracción, ocultación voluntaria o manipulada.

Estamos y vivimos para ser felices, íntegros, amables, alegres, realizados. Estas cualidades y muchas más son la chispa que encenderá y dejará ver la luz de todo tu potencial, porque como bien dice el título *Recoge tu diamante*, este se halla en espera de que el 98% de los hoy convocados, lo descubra. Tome la preciosura de tan majestuosa y valiosa joya, para que comparado tal valor al de su persona, de modo definitivo y por siempre, asuma esa cuantía para trepar de manera escalonada y casi milagrosa, hasta la cima de los ganadores.

Hoy te encumbras hasta la meta, alcanzarás el puesto número uno del pódium de vencedores. Es mi empeño develar esas magníficas cualidades que tienes por dentro y te hagan sentir ser el portador de riquezas que, aunque te sume en lo económico, lo más importante es tu crecimiento humano y espiritual. Sin estos últimos, solo lograrías nadar en vanidad, pero una abundancia vacía no es mi objetivo.

Es transformarte de adentro hacia afuera, contando y enumerando cada una de tus habilidades, fortalezas, preferencias, intuiciones; hasta la ambición más pura, porque están dentro de tu Ser, ahí se encuentran desde que te formaste. Solo estoy intermediando para que las hagas visibles y establezcas un camino o bitácora que te lleven por un sendero de felicidad y progreso.

Te agradezco por permitirme esta oportunidad de encontrarnos de nuevo, bienvenido, te bendigo en nombre del proveedor y hacedor de milagros. Nos enrumbaremos juntos, de la mano, sin importar tu edad, sexo, nivel de escolaridad, ni estatus económico. Ambos nos trasladaremos, porque este contenido permitirá visualizar la grandeza, las realidades más inesperadas que vendrán a ser parte de tu historia y, reiterativamente, no te fallaré.

Es mi legado darte un plus, mostrarte lo aventajado que eres, para ello me colocó en este sitio el dador de vida y esa misión inicia en estas páginas. Pido que no abandones, se paciente y constante; es la primera solicitud que te hago, persevera en obtener todo este contenido. Desde la primera letra y párrafo hasta el último, ese es el primer reto a vencer.

Sé que estás ansioso por avanzar, tranquilo, siempre la primavera le seguirá al invierno. No te canses ni fatigues porque en el manantial a presentar, tu saciarás toda la sed de conocimiento renovador que anhelas adquirir. Sé paciente y cortés, que el lunes llegará luego de domingo. Empezaremos a enumerar los pasos que enseñarán la manera de salir del atolladero, en que nos han lanzado sin disimulo y con intención. Absolutamente todo lo descubriremos, porque el diamante lo recogerás al final.

Recuerdos, para los que ya conocieron mi primer texto: *Eres afortunado* y, agradecimientos inconmensurables para los que se unen a este club, el de los triunfadores, los que logran la felicidad integral, no la soberbia vacía y desequilibrante. El poder es una herramienta de doble filo, por un lado, impulsa, ayuda, construye, forma; pero, lamentablemente, por el otro extremo oprime, humilla, somete y menoscaba.

Tomaremos el control de esa facultad, pero cortaremos de tajo el extremo dañino dominado por el ego y la personalidad débil. Solo habrá un lado, el de la reparación. Vengan conmigo los que necesitan, los enfermos, los desolados y desesperanzados; los abandonados, excluidos y desocupados; porque es en ellos que la palabra milagro cobrará significado. No significa que separo a los demás, para nada; en ustedes reforzará lo que ya saben y nos uniremos para enfilar a los menos privilegiados, para que con nuestra fuerza sea más fácil extraerlos del pozo de la incomprensión en que se creen habitan. Cuando menciono la palabra creer, es porque estoy absolutamente convencido que ahí está el lugar a abordar: sus ideas, el sistema de creencias que rigen al individuo.

No pienso ni es mi meta manipular con temáticas, para que alguien abandone su religión o deje de asistir a una Iglesia, por el contrario, felicito y me hace feliz que contigo haya un sistema y estructura espiritual de apoyo ya establecido, con ello mi trabajo no será tan arduo, como con quien no lo tiene.

Realmente me lanzo al vacío con Dios por delante, me enfrentaré a aguas turbulentas y saldré ileso a la orilla. Con fe en lo deseado, que brinda la convicción de acero y me complementa en tan loable tarea. Es mi objetivo y a millones conquistaré, no menciono dominaré, sino al contrario liberaré. El bolígrafo que empuño es mi varita mágica, así que arranquemos de una vez. Bienvenidos, les aprecio y en adelante continua la transformación.

1

EL DESPRENDIMIENTO

HUMANIDAD

Se preguntarán ¿por qué si ofrezco *recoger un diamante*, me hablas de humanidad? No te inquietes, en la vida todo se maneja por procesos: la noche, al rotar el planeta 180 grados en el Ecuador, trascurrido este período de tiempo, aclara; vienen las horas diurnas hasta oscurecer y dar la bienvenida al nuevo anochecer. Luego de medio giro más tarde, la Tierra conocerá el siguiente amanecer y así por siempre. Todo son ciclos y etapas, donde la reciente deja atrás la anterior y así es indefinidamente, en nuestra nave y único planeta habitado.

La clave se cimienta en lo que yo tengo, en cuáles son mis bienes inmateriales, para ello debo inventariarlos y separar, de cuales puedo disponer para compartir, para luego adicionar al otro, al amigo, al vecino, al extraño, al cliente... Un poco de eso, dedicándole una porción de tiempo con el que cuento como extra o en desocupación y así inicia mi inversión. La mayor riqueza aguarda al que da, al que comparte, al que añade, al que se preocupa por los demás por colaborar, por ayudar, por dar un aporte. Aunque no se espera retribución alguna, estos logros sumarán de manera invisible en tu cuenta del destino; no mencioné cuenta bancaria.

No es nuevo que todo funcionario o servidor públi-co, inicialmente debe ganarse el aprecio y respeto de futuros usuarios, sirviendo de manera gratuita, haciendo voluntariado.

La mezquindad la lanzamos por el precipicio, donde los avaros se encontrarán. Es la amabilidad, el encanto, el dar sin esperar retribución alguna la primera muestra de que te encaminas por el sendero correcto, de lo contrario te mueves por un campo minado de rechazos y críticas.

Cuando la intención es limpia, se mantiene atado a lo interior del Ser; no se es retribuido a cambio de superficialidad, al contrario, pusiste una semilla en el corazón de un necesitado; él te recordará mientras viva y te enviará bendiciones silenciosas. En el número de personas servidas, de allí se fundamenta un progreso perdurable. Quien da sin intención de recibir es quién ganará el premio mayor.

Es muy conocida la regalía o añadidura, el regalo o producto extra en la venta de elementos de aseo personal el conocido lleve tres, pague dos; o envases de un litro y medio y solo cobran uno; o si compra un artículo se le obsequia otro; también la entrega de muestras gratuitas por un período de lanzamiento. ¡Más ilustrativo! Las empresas de telefonía dan el primer mes de suscripción gratis para ganar clientes. Las compañías que prestan servicio de televisión por cable cobran el 50% de tarifa por el 100% de contenido en el primer año. Todo lo anterior es generosidad, buscan amor, apego y fidelidad. Van a las entrañas del individuo, donde yacen los motivos más viscerales y se generan las decisiones esporádicas o permanentes.

Son buenas intenciones, no camufladas con fraude ni menos aun escondiendo segundos propósitos. En la amabilidad por matizarse de la misma vestidura que el otro, con el necesitado; es la cara natural, el rostro claro, el servicio sincero para recibir y acumular gracias por doquier. Conviértete en un ahorrador de gratitudes y guárdalas en tu cuenta por cobrar a largo plazo, esos beneficios los recibirán de manera inesperada, en forma de salud abundante, hijos inteligentes, de una pareja fiel y comprometida, en resumidas cuentas, de una vida equilibrada.

Estos son los intereses por el servicio ofrecido, regalado, para con los que sufren. Sabías que todo lo mencionado anteriormente son tesoros. Tus ojos brillan, porque hay orgullo y satisfacción por cada una de esas bendiciones. Con la valía de lingotes de oro no se sana, a un contagiado de SIDA, a un enfermo de cáncer en etapa de metástasis, ni se aclara la vista de un niño que nació con ceguera total e incurable, entonces solo llamamos valioso lo que sirve para comprar, para gastar y derrochar.

Olvidamos lo precioso e inconmensurable que es la sonrisa de tu hija cuando te recibe al llegar a casa luego del trabajo; la cortesía con que tu esposa te entrega la cena en la mesa. Hasta resulta resaltante encontrarse con problemas de diferente índole, ya que así evaluamos y nos ponemos a prueba como aptos para enfrentar desafíos; porque ellos se asumen luego de lidiar con cotidianidades, también llamadas dificultades básicas, primarias o menores. Entonces empieza a apreciar, desde la alegría que produce a tu madre cuando la visitas el domingo, hasta el perro que tienes de mascota y agita la cola al verte llegar.

Se humanitario, atento, añade valor a las demás personas y ese acumulado se reflejará en ti de manera inesperada, las buenas noticias tocarán a tu puerta. Los que donan capacidad y tiempo a los menos favorecidos son empáticos, se mezclan con ellos; de esa simbiosis nacen ideas que de otra manera jamás hubieras conocido y bien, a ponerse en marcha. El destino lo construyes con cada acto noble que realizas, intención depurada y gesto afectuoso que regalas.

No puedes esperar diamantes, sin sacar tus sentaderas de la cama o levantándote a las diez de la mañana. Somos madrugadores, nos encanta esperar la jornada desde la oscuridad de la mañana, porque es ahí donde tenemos el lapso necesario para fijar la ruta en el que transcurrirá nuestro día, entre los quehaceres, el trabajo y la familia. Tiempo para cada uno de los elementos esenciales que dan sentido a nuestras vidas, pero entre todo y no menos importante, hay un espacio en la jornada para dar, para regalar y para compartir. Porque en esta mina está por iniciar la excavación y ellos, **¡los servidos!** son los que te mostrarán el camino hacia la piedra preciosa, pero sin pronunciar palabra alguna.

DESINTERÉS

La vanidad es lo opuesto a la humildad, el desapego es la ausencia de ataduras hacia algo; no podemos apegarnos a lo que deseamos. Disminuyamos el interés, mas no le quitemos importancia. El dar sin esperar nada a cambio es de origen bíblico, **"que tu derecha no sepa lo de tu izquierda"**.

En una ocasión, cierta dama me empujaba para que yo aportara a una causa muy necesaria para ese momento, pero lo hacía con presión y sin sentido empático. Yo solo pude aguardar porque no se habla de lo que das y entregas, caso contrario se perderá el sentido y se caería en populismo; a voz de personas con poca ocupación y mucho tiempo libre resultaría dañino, perjudicial. Solo mi entorno ultra cercano conoce de mis aportes mensuales, no los llamo caridad, les digo apoyo para servir y sin más que decir pedí a mi esposa que manejara esa situación de la mejor manera posible.

Las bendiciones por parte de la providencia, se dan luego de un cúmulo de eventos desinteresados de tu parte. Alguien te nombra, te menciona en silencio con gratitud; ello suma y se refleja. El que da con intención o en función de manipular para obtener algo a cambio pierde el beneficio extra, el más valioso, el que sumará en tu haber de alegrías, satisfacción y dicha. Solo cuando el intercambio es dinero-producto, dinero-servicio, se entiende como transacción comercial.

Es la transferencia que no espera recibir nada a cambio. Preguntarán ustedes, ¿qué sentido tiene? Denota la satisfacción de una persona que albergará ese hecho en lo más profundo de su corazón y allí empiezas a aportar en el mercado de acciones, no de la bolsa de valores, sino del cúmulo de bendiciones que te esperan para cuando la situación sea adversa. Yo decía a un trabajador: hoy yo estoy arriba y tú a mi lado, mañana puede ser lo contrario y puedes ser tu quien me tiende la mano; porque lo que hoy siembro en ti se cosechará y permanecerá en el granero de tus recuerdos.

Así es la vida y así funciona, más que dinero ve por amigos; no me refiero a compañeros de farra o de encuentros íntimos. Señalo a los hermanos para la vida, los que se preocuparán si enfermas, los que estarán ahí si necesitas; te corregirán si te equivocas y auxiliarán si lo requieres. A ellos hay que conquistarlos hora a hora, día a día y son esos actos desprendidos, los que te acercarán a las almas más limpias y serviciales. La futileza se encuentra en las tinieblas, mientras la nobleza en la claridad.

Ya comprendido esto, estamos todos comprometidos y entendidos de la realidad por construir; no necesario debe ser a través de una iglesia, un servicio comunitario o una fundación. Se creativo, actívate y explora en la imaginación porque abundan las posibilidades que aparecerán para añadir valor a otros, sin esperar retribución alguna.

LA INDULGENCIA

Se bien es difícil practicar el autocontrol, la manera más expedita la hallarás en el equilibrio. Debes hacerte de los instrumentos correctos, para detenerte en el momento cumbre, cuando de medida y cuido se trata. No hay armonía si te esfuerzas por mencionar lo que tienes, ¡para que dejar ver lo que hay fuera cuando lo valioso es lo que tienes dentro! La prisa por pasar por encima de los demás no suma, debemos respetar el derecho ajeno mientras hallemos nuestro centro. Quien no acepta sus errores y los enmienda de inmediato, más que entorpecerse está dañando al entorno, crea rencores silenciosos, ánimos caídos y miradas evasivas.

La habilidad para profundizar se encuentra en nuestro interior, preguntémonos ¿cuál es la causa que originó una agresión u ofensa? Es allí donde inicia la indagación, ¿por qué actuar de una manera para ocasionar daño? ¿Qué te llevó a comportarse de ese modo cruel e indiferente? Las respuestas salen por sí solas, no están en el exterior ni en los demás, es dentro de tu ser. Es en la cantera que llamamos historia, donde puedes remover toda una montaña de eventos y extraer el diamante, que te hará reconocer el origen de tu reacción la cual ocasionó un problema.

Con la lupa puesta en el yo como origen, doy respuesta para enmendar, ella dará y generará los mejores resultados en cuestión de minutos. Reconocer tus agravios, excusarte ante los ofendidos, reparar a los afectados y mejor aún, restaurar las relaciones. El dinero no debes usarlo para cubrirte de vanidad, ella es práctica de tontos, esa riqueza se cuantifica en bienes en tu haber. Lo valioso realmente es si esos cientos o miles se utilizaron correctamente, si detrás de esas transacciones económicas quedan personas alegres, ¿les diste amor, las extrajiste de su realidad por un momento para brindarles esperanza?

Caso ejemplar personajes de Hollywood como Adam Sanders, sus películas son excelentes. ¿A quién no ha hecho reír y reflexionar Robín Williams?, el pasó al plano continuo, millones de humanos disfrutamos de su humor a través del don que logró perfeccionar para arrancar carcajadas. Los creadores de música, los que viven y los que ya no, hoy loables y admirables; incitaron al encuentro, a la reconciliación, a la paz, a la concordia y fraternidad. Los artistas, escultores, poetas y escritores, esos legados fueron producto de un deseo por dar y educar en el amor, con su creatividad y genio dejan maravillas como legado para la humanidad.

Si no fuera terrenal estaría exento de cometer errores y metidas de pata; soy tan de carne y hueso como tú, un humano entonces. Cuando alguien innova, ¿por qué castigarlo con críticas mordaces en lugar de alentar al cambio y crecimiento?, cuando el sistema debe sancionar ¿qué mejor ejemplo que aportar con servicio comunitario para corregir correctamente? La tolerancia es clave si deseamos un mundo mejor, si no queremos amarras emocionales; si realmente ansiamos permanecer sueltos y no cautivos; liberados por la compasión y no atrapados por la venganza.

En mis zapatos he puesto a muchos y yo me he colocado en los de la mayoría; es allí donde se determina el sentir del gozo o sufrimiento que experimentan las demás personas. Antes de señalar y culpar al otro, hay que buscar en su génesis; a cambio de reaccionar haciendo comparaciones, preferible es animar y levantar; son lentes distintos y en cada uno de ellos la perspectiva es diferente. De un modo piensa el ofensor, de otro muy distinto piensa el ofendido y de la mejor, única y sabia manera lo hace el observador. Tomemos en cuenta todos los puntos de vista para llegar al mejor acuerdo y encontrarán que el beneficio de esa interacción pasará de la mente al corazón; porque marcarás contundentemente una diferencia entre las personas comunes y corrientes, aparte enseñarás mejores maneras de dirimir diferencias.

Pasar la página es una práctica a poner a prueba de una vez, con esto estamos superando una crisis que disminuimos de días u horas hasta que se reduce a minutos. Extingue algo que podría demorar meses y consumir tanta energía en los involucrados, que puede ser incluso el comienzo de una enfermedad psicosomática, "siempre al perdón le sigue la reconciliación".

TOLERANCIA

No puedo exigir lo que no aporto, ni pedir lo que no doy; son manzanas lo que da el árbol de manzanos; es agua o granizo lo que emana de la condensación que acumulan las nubes; la naturaleza responde cuando algo no continúa su ritmo. Hay que romper de un solo tajo y ello lo define la tolerancia. Debo extender y acrecentar mi grado de comprensión para no pasar al plano de lo inferior, los señalamientos y demás; no juzguemos, persigamos la sabiduría. Quien calla es la persona más inteligente; si alguien da golpes y no se les devuelve, no lo repetirá por segunda ocasión y allí acaba todo; porque su contendor es un pacífico y solo le queda apartarse avergonzado porque no hay espacio entre los dos para la violencia.

Fui testigo visual en el barrio Santa Rosalía en la ciudad de Caracas, un fin de semana, en una tienda de abarrotes. Un cliente quien mostraba signos de ingesta de alcohol pretendía continuar su farra en el sitio, cuyo vendedor no le permitió; el ebrio le lanzó un golpe sobre el rostro, sorprendido quedó cuando como respuesta este solo le dijo, —toma, aquí pongo la otra mejilla para que la golpee—, (sangraba su costado). Al borracho no le quedó remedio que largarse, entre corrido y rechiflado por los concurrentes de ese momento.

Una agresión no fundamenta una reacción igual o mayor, solo se rompe la cadena de la violencia si la parte agredida implementa la sabiduría como fundamento para resolver la intriga; llámese matrimonio, cuerpo político, equipo de trabajo o deporte. En todos los campos hasta los más impensables juega un papel preponderante la cordura, la mente calma, no el afán sino la paciencia. Devolver con la misma moneda es práctica de niños, con emociones aún sin canalizar; pero como adultos ya debemos haber trabajado y madurado para no responder de igual manera ante un evento adverso.

En el respeto integral por el otro de su pensar, vestir, caminar, raza, inclinación sexual o punto de vista político, todo lo que sale de su Ser y que vemos hasta los puntos de interés que conocemos cuando intercambiamos ideas, actitudes y opiniones, a partir de allí, con las diferencias, es cuando se enriquece más una relación. Lo que nos distingue nos hace únicos genética e intelectualmente. Dos personas de los miles de millones que habitan la tierra no tienen la misma historia ni vivencias, por consiguiente, no piensan igual. El pasado de cada uno es lo que dio forma a lo que nos convertimos en el presente.

BENIGNO

La palabra voluntariado comprende y significa disposición para servir, ayudar y contribuir. Estamos llamados a ser la asociación que salve al planeta y asegure la prevalencia de la vida a la especie humana, sobre este paraíso llamado Tierra. Con un gesto individual a la vez se empieza, cuando muchos Juan (el vendedor de la historia en Santa Rosalía, Caracas), ¡estén comprometidos! Sin oponente no hay reyerta; el fin no se da porque no existe inicio; la ventaja la tiene quien cede el espacio; el resultante ganador es quien venció por dentro.

Es una transición de pensamiento, no estamos habituados a ello ni será fácil ya que el formato que traemos siempre tiene un oponente: el vencedor y el vencido; el ganador y el perdedor. No es fácil enfrentar tan radical dilema, se requiere de meditación constante para llegar a espacios de conciencia muy elevados, pero alcanzables para todos. Es donde no existen cuestionados, ni culpables; ambas partes somos responsables.

El afecto hacia mi contraparte, dando la importancia en lo que tenemos de iguales antes que a las diferencias. En breve ejemplo: todos venimos de una madre, nos circunda una familia biológica o putativa. Ahí está una primera y trascendental coincidencia, por consiguiente, nos aman y amamos. Este es el punto de partida para reconocernos como iguales, entre diversidades y divergencias, pero semejantes en origen.

Simpatizar con las cosas triviales más que con lo frívolo es sencillo. El sol nos provee calor a todos, ¡qué bonito amanecer!; ¿quién puede estar en desacuerdo con tan hermosa afirmación?, pues nadie. Son infinitas las posibilidades y temas para concurrir hermanarnos; es tan fácil, solo hay que tener la disposición natural, humana, de dar prevalencia a la vida, la amistad y el amor, por encima de la muerte, el odio y el rencor.

La abundancia espiritual es la mejor garantía para lograr comprender a nuestros semejantes. Solo cuando se está vacío en nuestro yo interior es cuando se asienta la nada, la camorra, la envidia, el control al otro y el egoísmo, se desestima la lealtad, no existe hilo conductor de entendimiento porque está roto. Reconstruir, repotenciar tu espacio místico es tarea indispensable, es el asidero donde hallaremos muchas respuestas e ideas para adoptar y convertirnos en titanes de la paz, esparcida por la naturaleza de la conciencia humana, para girar hacia un destino más que llevadero, feliz y de concordia. Todo esto cuando germine la semilla del desprendimiento.

Es la bondad, el carácter virtuoso de tus actos, quien te separa de las mayorías y coloca al frente y encima como dirigente, capaz de lograr cambios en los demás, empezando y terminando con tu ejemplo. Vivificas y restauras, alivias y exaltas, elogias y engrandeces, alborotas e impulsas. Que meta más preciada, el valor del diamante se empieza a percibir en ti porque tienes las capacidades y cualidades. Indaga hasta llegar a la profundidad de tu Ser y empieza a abrir el cofre, que siempre ha estado ahí, aguardando un guía que te oriente hacia el hallazgo. Continuemos desde acá. "Bendiciones".

2

LA ACTITUD DEL COMEDIMIENTO

Hoy renuevo mi compromiso en nombre de lo divino, me dirijo hacia otros espacios del conocimiento enriquecedor y liberador. El comedimiento es la virtud primaria que nos permite sobresalir de entre las mayorías, son los que ofrecen su esfuerzo sin esperar gratificación. Separa a los ganadores de los demás, están deseosos, siempre dispuestos a ayudar, despuntan por ser personas serviciales, diligentes y solícitas. Su ánimo y amabilidad llama la atención por mostrar interés, su esmero se centra en dar no en recibir, caminan de más, dan un extra de lo que se espera de ellos. Son diferentes porque renuncian a la retribución inmediata por la retribución futura, que no vendrá de esa fuente u origen, sino se verá reflejada en oportunidades que aparecerán en el mañana, ya que sus gestos se adhieren al inconsciente de las personas beneficiadas de su disposición, actitud y cortesía. Son obsequiadores de ayuda.

MODERACIÓN

De una actitud moderada se desprenden los enormes logros, las grandes victorias; implica no excederse y vivir siempre en proporción y con bienestar. Denota sobriedad, estabilidad en los hábitos y el proceder. Es costumbre inamovible arraigada en su interior, el poseer equilibrio sobre los placeres, el consumo, controlar la ansiedad y delimitar los excesos. Esta herramienta de entre las más poderosas, nos permite construir estabilidad en nuestro entorno personal, familiar y laboral, aparte que impulsa a llevar una vida activa y sin desmesura. Esta implica a todos los aspectos de nuestra realidad física y presente. Modela el carácter individual con palabras y acciones que no dejan cosa negativa a su paso, por lo contrario, amplía en la construcción de relaciones armoniosas con las personas que nos rodean.

Un río es movido y alterado por fuerzas naturales provocando inundaciones, crecidas, que arrasan y dejan tragedias a su paso. No sucede lo mismo contigo, ya que tu actitud canalizada con el ánimo correcto, no permite desbordar emociones porque piensas con detenimiento para no actuar intempestivamente. Desde alteraciones que afecten la más básica de tus rutinas como el tránsito y los elementos como la lluvia, la fluctuación en tu trabajo por si los resultados van a menos, hasta la relación con tu pareja y suegros; todo ello es susceptible de enfrentar con moderación.

Absolutamente nada te sacará de curso por muy compleja y difícil que sea la situación, desprendes tus sentimientos con un control absoluto, cuentas con la paciencia suficiente para analizar en frío cualquier estímulo que reclame una respuesta. Cuando se presenta un evento urgente lo atiendes con la calma de un cirujano, para reparar y solucionar y en lo posible no dejar secuelas que puedan afectar el futuro. Eres sabio y tu atención no está puesta en aplazar, sino en apalancarte en los métodos y procedimientos disponibles, para tomar decisiones pausadas y no alteradas por el momento o la realidad.

Tu comportamiento llama la atención, porque los excesos no forman parte de tu día a día. No es puritanismo, se refleja en ti una actitud asidua a enfrentar con tranquilidad, pero a la vez con la eficiencia puesta en la elección de las iniciativas más efectivas, que darán buenos resultados y serán perdurables, para no crear alteraciones abruptas que pongan en peligro tu estabilidad. Tan sosegado como niño en guardería, que solo se encamina al aprendizaje dirigido. Con estímulo permanente al desarrollo físico, intelectual, con la armonía de estados en jornadas inalteradas.

Se mueve con justicia porque es el valor que define su conducta y foco, así ve todo a su alrededor. No se asienta en temores para defender y apoyar causas loables, es encantador para aportar al servicio comunitario con su presencia y discreción, no llama la atención más que por sus acciones dignas, altruistas y ejemplares. Tiende a posicionar sus ideas en el centro. No va a cruzar los límites por su determinación en ser un entusiasta moderado, no movido por estímulos sino por principios lejanos de desborde y abismos. No es lo suyo la discordia creada por la parcialidad hacia ideales extremistas y chocantes, ni menos se involucra en eventos que terminan en reyertas, que en lugar de beneficiar perjudican.

Se reduce al medio donde se aceptan las ideas y entienden los puntos de vista de todos, pero al mismo tiempo no renuncia a la parcialidad proveedora de lo justo y equilibrado. Contiene su conducta con un freno, dispuesto para situaciones donde el escándalo y la protesta se utilizan para agitar, siendo pacificador en lugar de radical. Su pensamiento prefiere alinearse con la concordia y la hermandad que jamás conlleva o termina en violencia. Su pensamiento es calmo más no temeroso, su juicio va definido por el bien de todos y para todos, por ello está en desacuerdo con los remedios o soluciones anárquicas. Es de fácil diferenciación de entre los demás que conforman un colectivo.

No agreden ni menoscaban los derechos del otro imponiendo por encima los suyos, tampoco sometiendo con ideales políticos o religiosos que, a diferencia de unir verdaderamente dividen. Luego del pensar y actuar aplomado, hay ausencia de secuelas y consecuencias que lamentar porque la proporción de sus actos está bajo absoluto control. Al expandirse según su experiencia de vida, se examinan y prueban nuevos métodos y avistan mejores expectativas, moviéndose con diligencia y la paciencia requerida; descubren y van tras nuevas metas.

La cotidianidad transcurre basada en el razonamiento de, ¿qué es lo correcto y qué no?, toma medidas habituales para mantenerse dentro de los límites del consumo medio y sin excesos. Su alimentación es libre de grasas saturadas, sin bebidas embotelladas repletas de azúcar y colorante, solo comidas que brindarán salud física y equilibrio mental. No considera el alcohol como elemento de ingesta rutinario en su fin de semana, sino de uso exclusivo para eventos, festejos cronológicos y con la mensura como catalizador, para jamás entrar en alteraciones de la conducta por descuidos o desatención. Nunca ceden ante la tentación ni ingesta de elementos externos por elección propia, que dañen su organismo y lo pongan en riesgo. No consideran el consumo de drogas ni estimulantes, entienden lo momentáneo de sus efectos de euforia, pero lo dañino que podría ser la dependencia y adicción a cualquiera de estas sustancias prohibidas, aunque ilegalmente conseguibles.

Así que, por razones de consumo de sustancias psicoactivas no debilitarás el músculo que forma el corazón, ni provocaras latidos más dificultosos, los que produciría que la sangre salga con menos impulso, causando a largo plazo miocardiopatía congestiva alcohólica, hipertensión arterial y lesiones cardíacas; pero tú estarás libre de ellas. Somos responsables de lo que permitimos entrar a nuestro cuerpo, en forma de alimentos, bebidas y medicamentos. Nutre especialmente tu cerebro y él se encargará del resto, tomando el control sobre tu futuro.

La moderación más que una forma es un estilo de vida, no te animas con sentimientos que dañan porque la sensatez y cordura están al frente para tomar posesión y dar la respuesta correcta frente a una contingencia o eventualidad. Conoces muy bien a donde llevan los excesos y estás al corriente, no porque entras y sales de centros de desintoxicación, o aguardas un corazón sano para trasplantarlo por el tuyo, desecho y consumido por los abusos; no, lo sabes porque conoces las consecuencias que reciben quienes no moderan su presencia y actuar por la vida. Te felicito, eres una persona de imitar, de seguir, mi cordial aprecio y reconocimiento.

Su ideario es neutral, permite obtener lo mejor de cada situación. Del aprendizaje que enriquece, de cada evento toma lo bueno para incorporarlo y lo no tanto para ejemplificarlo. Su actuar sereno le permite adquirir agudeza, siendo esta una ventaja porque al enfrentar conflictos siempre tiende a pacificar. No da esperanza a las conductas que puedan sacar del eje y del equilibrio su vida, ya que es su oasis donde se mueve y encuentra la plenitud y realización.

Es un apéndice del moderado y como apoyo indiscutible posees "ponderación"; por tu razonamiento, sensatez y ecuanimidad no respondes con enojo ni agresividad. Reconoces los derechos del otro, tomas consideraciones reflexivas; meditas y ejecutas estimaciones entre lo que se dice y lo que se hace, llevándote a ser un contemplador mas no el juez. Te remontas sobre la colina de la quietud, no para aplazar repito, lo haces para decidir correctamente con sabiduría explícita.

TEMPLANZA

Inicio con un fragmento de uno de los salmos que más repito como mantra, casi a diario y reza: ¡Que no nos ha dado Dios espíritu de temor sino de fortaleza, de amor y de templanza! La templanza es la cualidad humana que deja de manifiesto la madurez de espíritu, en la persona que transita por dificultades y obstáculos. Es la cautela en su forma de hablar, pensar y actuar. Tomemos referencia del hierro, cuya fortaleza ha adquirido temple después de haber sido expuesto a muy altas temperaturas y presionado, golpeado y moldeado, sobre la base de los deseos y necesidades de su artífice. En este caso tú eres el moldeador y las cicatrices emocionales tomaron forma después del dolor que has sufrido; a partir de allí no vas a reaccionar, de modo contrario estás tranquilo porque conoces el camino transcurrido y sabes que la mejor respuesta conducirá a los más deseosos resultados.

Tu temple es de un virtuoso, que antes que ver errores o fracasos visualizas posibles oportunidades. Tu equilibrio en el juicio permite observar una derrota como el inicio para un nuevo triunfo, no como la devastación de tu carrera o emprendimiento. La tenacidad y más sobresaliente aun la seguridad, son el legado que dejan tus actos para con los que te miran y aprenden de cada acción, de cada decisión, por tu actitud nada pusilánime.

Te desembocas a nuevas maneras de solucionar porque lo venidero es prometedor. Te forjaron con dolor, pero saliste del yunque siendo la mejor versión de ti, la más adaptable y decidida, con equilibrio, justicia y sobriedad para afectar positivamente con tus elecciones al mayor número de personas posible. Escoges trabajar en vez de lamentar; levantarte después de caído; aventajar a cambio de rezagarte; ver al futuro en lugar de quedarte en el pasado. Te renuevas cual Fénix quien solo desea avanzar y quiere cruzar la meta.

Es necesario "controlar las pasiones"; porque estás claro que la cordura permite posarse donde los que no fueron precavidos ahora se encuentran en hospitales, prisión o el campo santo. Sabes que las consecuencias por tus actos no recaerán sobre hombros ajenos, así que eres totalmente responsable de tu pensar y hacer, te orientas con tu brújula moral y defines el camino libre de futuras amarras; tu proceder no te esclaviza sino emancipa. Comprobaste que la dificultad no te es ajena por ello tomas el tiempo necesario, no para demorar y postergar sino para acertar con tu decisión, porque definitivamente con ellas sumarás nuevos aportes que añadan al esfuerzo que llevará a la concreción de tus sueños.

Templanza al decir no, porque debes saber cuándo y dónde replicarlo. Lo resumo a continuación en un breve relato. Siempre he ofrecido créditos extra laborales a los miembros de mi equipo de trabajo y en determinado momento manejaba números rojos, comúnmente conocidos como pérdidas; para ese entonces se acercó a mí una colaboradora con una solicitud de préstamo, mi respuesta fue indudable dije, —con gusto si se trata de temas médicos o urgentes de esa índole, pero si no es el caso en esta ocasión no puedo ayudarte—. Lo entendió de la mejor manera porque conoce mi proceder justo.

Soy apoyo para ellos, pero si el momento y la necesidad no son propicios la situación se maneja con madurez por ambas partes. Esto lo decidí porque tengo en mi dispositivo inteligente, un registro diario de todos los movimientos y balances de los recursos e ingresos que manejo; por consiguiente, en cualquier hora del día o día de la semana estoy al tanto de mi realidad económica, con solo echar un vistazo a una aplicación de control de finanzas en mi celular.

Eso es templanza, no tomar medidas populistas que amenacen con menoscabar la confianza; es tomar acciones justas y reales, basado en informes fidedignos y verídicos, que respaldan con hechos lo que dicen las palabras. Desde luego mi forja es de larga data y la experiencia es resultado de esas fuerzas que no siempre estuvieron a mi favor; fueron fracasos, quiebras y bancarrotas, ellos son los cimientos.

Se presentará la exposición a tentaciones, porque abundan cuando obtienes logros que reflejan crecimiento, otorgándote riqueza; es una variable en la que debes pensar con antelación, comprender el nivel de peligro al que te enfrentarás y las consecuencias que acarreará una mala elección. No es de extrañarse que con el éxito las damas con interés por el oro se sientan atraídas hacia ti, entonces aquí aparece el control sobre el instinto y deseo por la carne. No cambiarás tranquilidad en tu hogar por la zozobra que vendrá ante una aventura amorosa y extra marital. El coste de energía vital será incalculable, te desviará de tu camino y darás el control a esa persona que solo puso el placer frente a tu instinto sexual débil.

No es el caso, tenemos la facultad de decidir aquí, ¡esto es tajante! Lo he enfrentado en innumerables ocasiones en el orden laboral, comercial y social. Créanme, en tal ocasión una señora muy apreciada me informó de un comentario emitido por un vecino quien me definía como gay; de inmediato lo confronté junto a ella y solo tartamudeo negando tal afirmación. El meollo de aquel incidente se originó porque una extrabajadora me sedujo físicamente buscando un acercamiento que desencadenara en un encuentro sexual, situación de la cual me distancié con decisión férrea.

Es de mediocres ceder ante tentación carnal, cuando tienes un hogar que cuidar y una esposa que respetar; ¡eso es templanza! Fui sabio, no he dejado de serlo, pero es el talón de Aquiles de muchos caballeros para cuando logran el éxito. Abandonan a su compañera de batalla y la reemplazan por una de menos edad, buscando cual ignorante una experiencia rejuvenecedora. Lo único que lo llevará al pasado será quizás la ruta de los recuerdos.

No podemos creernos o transformarnos en lo que no somos. Si no hacemos lo correcto, con el tiempo los lamentos y quejas serán parte de tu día a día. Se simpático, pero si no decides con templanza terminarás sacando al perro al parque todos los días o siendo paseado por un asistente en tu silla de ruedas. La amada y valorada familia a la cual dejaste atrás te apoyará no con amor y empatía, lo hará en su defecto con sentimientos de solidaridad o compasión.

Aún hay caudal de opciones por abordar, te invito a usar el discernimiento como excelente herramienta para separar las buenas de las malas decisiones, visualizar los posibles resultados y de conformidad te adentres en la conciencia; para que sea esta el ente administrador de tus elecciones y no los impulsos, de los últimos solo queda consecuencias graves, daños a veces irreparables y cuestionamientos sin cesar. Se precavido, en tu cerebro es donde procesas todos los pro y contras que generarán los juicios, no para castigar, si para congeniar con la razón, lo bondadoso, lo altruista y lo trascendental.

Ser virtuoso requiere amor por el trabajo y templanza en cada etapa de su desarrollo, loable, admirable, plausible, traspasa el umbral para el logro de verdaderos objetivos. Un carácter forjado por los reveses, el desprendimiento, el apego por lo justo y sensato además de la empatía y la concordia, te colocan como un individuo con temple para llegar a destinos no posible para muchos. La afirmación: **"el temple nos hace agentes rectores de nuestra vida"**; propicia el camino por donde pasan las buenas decisiones; se estudia y realiza una revisión equilibrada con completo dominio sobre tu instinto; doblegas la falta de voluntad y te proyectas con las más inteligentes opciones, que originará el progreso y la unidad a tu alrededor.

Asimismo, anula todo intento que venga a alborotar las pasiones cargadas de incitación, controlando y subyugándolas con plena conciencia y responsabilidad absoluta e ímpetu inquebrantable; porque no eres parte de lo ordinario. Sobresales de lo dañino, tóxico, la tentación, lo trivial y común para las mayorías. Esa actitud permite tener visión sobre los eventos a futuro y control ante las provocaciones que aparecerán en él, disfrazadas de momento y gozo, siendo realmente destrucción y calamidad.

Renueva a cada hora, tu resolución de ser libre y seguir siéndolo. Tú tienes el control exclusivo sobre la tranquilidad. Sobre la faz de la Tierra nadie irrumpe la paz que armoniza tu hogar, ni afectarán las bendiciones que resultarán de tus aciertos. Propones, más que movido por motivos es por razones sanas y sensatas, en el marco de la honradez, la justicia, lo bueno para ti y el prójimo.

El desenfreno produce consecuencias a considerar, pero en ti no hay preocupación alguna. Te encaminas por el mejor sendero, dejas y estás claro; sabes de los pasos que a cada momento das, ¡ellos son firmes! De tus decisiones no se espera sorpresa que altere negativamente porque las evaluaciones que haces a diario, el discernimiento en cada área de tu vida incluyendo la forma como llevas las relaciones, mantiene bajo control cualquier perturbación, con respuestas disponibles, prestas a afectar positiva y provechosamente tu entorno.

Por ello, para alcanzar la templanza es necesario acudir a la **ponderación**; tomar una consideración reflexiva de cada aspecto, inclusive los de relevancia mínima pueden impactar enormemente. Hay que hacer un razonamiento sensato de posibles errores que conlleven a dificultades futuras. De cuando en cuando se precisa pasar por una dificultad, en el transcurso de ese proceso nos ponemos a prueba, evaluamos nuestras competencias y verificamos si dejamos algo por sentado, aquí contextualizamos si la respuesta puede requerir de mayor información y conocimiento del tema. Es necesario un equilibrio honesto, entre lo que se dice respaldado por lo que se hace, este ejemplo arrastra; porque no hay ápice de mezquindad ni mala intención tras la toma de una decisión.

Si tu temple es híbrido, renueva constantemente tu casillero con instrumentos conducentes a orquestar logros inimaginables, esto requerirá de vehemencia. Ahora queda de manifiesto tu empuje impetuoso, la lucidez que reflejas colocada tu vida en el hoy. El entusiasmo con que te relacionas revela tu condición de idóneo; si no lo sabes lo aprendes; si no lo hallas, lo buscas; si no lo ves, preguntas; bien reza otro salmo bíblico muy recurrente en mis oraciones: "pedid y se os dará, buscad y hallaréis, llamad y se os abrirá". No es casual, estos métodos han funcionado a lo largo de la historia y están disponibles. Con tenacidad y templanza concientiza, reflexiona y decide, lo mejor te aguarda a la vuelta de la esquina. No es un hecho espontáneo, son resultados logrados luego de auto incentivos bien merecidos.

Es una cualidad de templanza la que demuestra el individuo que trabaja mucho, afanoso; porque lo hace con constancia imparable y aplicado en su laborioso emprender. Acucioso con deseo e ímpetu, esta es la superficie de un individuo con temple de acero y corazón de oro. Percibe el brillo que hay en estas ideas emancipadoras, cada pisada adentra a la mina, a tu riqueza. Apoyada en pasos gigantes, pero sobre todo con una estructura real, sin ella solo se salta al vacío, a la nada.

PRUDENCIA

Es la virtud de virtudes, pero aun así no es suficiente ante dificultades mayores, de lo contrario no fuera mencionada con tanto ahínco en el cristianismo. ¡Confía en Dios de todo corazón y no te apoyes solo en la prudencia! Actuar con cautela te permitirá la resolución para hacer las escogencias más sabias, libre de ataduras podrás desenvolverte con plenitud. Eres meritorio, obtienes gratitud por parte de los tuyos, por los beneficios que les brindas resultado de tomar buenas decisiones.

El conducirse con serenidad brindará la seguridad que permitirá atisbar un horizonte más prometedor. Es rasgo distintivo de liderazgo en la convivencia, la forma como observas y te mueves en tu ambiente, tratando siempre con cuidado a los detalles, no cayendo en la insensatez, la indiscreción o el descuido. Tu mente aplica la cordura con tus buenos oficios en el desempeño, dejas claro que de nada sirve una realidad desmedida y sin equilibrio. Eres de caminar firme supervisado por la conciencia, ya que no permites divagar en lo desconocido, porque te cercioras de percibir a profundidad y no en la superficie, para no caer en la habladuría ni cuestionamientos.

Te abres con discreción y mesura, para dedicar tiempo y esfuerzo a cosechar relaciones espontáneas, asimismo beneficiosas; pudiendo florecer amistades con conexiones que maduren y permanezcan en el tiempo. No emites juicios apresurados porque sabes que todo evento traerá resultados equivalentes a sus acciones, te mides en la crítica ya que estás blindado contra las opiniones apuradas, te asiste el respeto para con tus semejantes. Tus comentarios pueden generalmente contener neutralidad y no pecas de sabiondo cuando no dominas un tema, por consiguiente, no quedas como ignorante.

Te detienes igual sabio en meditación y recogimiento, por decisión de tu carácter y forja; quien te impide reaccionar brusca y airadamente. Eres jovial, pero al mismo tiempo con la compostura propia del que no se arrepiente de lo que dice o hace; porque la sindéresis de la que proviene tu pensamiento, habla de rasgos de conciencia y madurez de naturaleza permanente. El decoro que brindas con el aprecio y la dignidad da honor a cada una de tus palabras, fecundas de estimación y respetabilidad hacia el otro. ¿Cuántas prerrogativas?, vamos sumando al potencial arrollador que deja a tu persona, en posición de dotado y privilegiado.

Eres circunspecto; denotas una personalidad mentalmente fuerte, prudente, sensata, con hábitos que no repelen sino atraen. Cuidas la apariencia, tu andar y compostura, con un aspecto prolijo, aseado y con arreglo. Ataviado con recato, esto para no llamar la atención de frívolos; cauteloso como un felino, no al acecho sino a la espera de oportunidades para establecer relaciones duraderas con trascendencia plena y efectiva. No hay sobra ni excedente por recuperar, porque has ejecutado tu tarea asignada con contención, por consiguiente, no dejas cuestión que preocupe. Eres precavido al dar tu aprobación, no hay nada a que temer porque de ello queda estados de relajación, sin sobresaltos para no transitar montañas rusas que desvíen o descoloquen tu equilibrio.

Tu juicio es aplomado, no señalas porque antes de hablar sobre la paja en el ojo ajeno, revisas y filosofas si en el tuyo reposa una viga o tronco. Eres portador de conocimientos amplios y profundos, adquiridos de tu experiencia y acuñado por el estudio directo, emanado de tu insaciable y voraz sed de incorporar nuevas herramientas; afiladas, también aceitadas, disponibles para utilizarlas en las ocasiones más diversas. Es una facultad propia, innata, te esperan aciertos más que desaciertos.

Eres baluarte en referencia a los Derechos Humanos, las libertades, los sentimientos de los demás; la comprensión sobre: ¡que, a cada individuo le sigue una historia en construcción y trae una, que lo referencia en su condicionamiento cotidiano! Somos tan naturales y transparentes, sensatos, cuya actitud cordial indica madurez; no tenemos que esperar a envejecer para que los demás puedan atestiguarlo. Actúas conscientemente, piensas, preparas con antelación porque las cosas que harás necesitan de previsión y planificación.

Estás nutrido de astucia y después de la experiencia acumulada, defines con claridad molecular cual es la respuesta que conviene efectuar, porque no esperas sorpresas, solo adviertes los resultados justos y cónsonos. Estás blindado con la habilidad para percibir acerca de las consecuencias que emanan de una decisión y otra. Por tu agudo sentido defines cual te dará el provecho y beneficio que esperas con el esfuerzo necesario y virtuoso, también perspicaz para determinar lo correcto por sobre la maldad.

Tu comportamiento está encausado y dirigido en la búsqueda de la felicidad, no vas por las ramas ni tomando riesgos innecesarios. Tus palabras dulces agradan al paladar de los oyentes porque las pronuncia un ser humano dotado de integridad, que revela altos estándares de atención y recato en su desenvolvimiento. Consideras las respuestas que causarán efectos positivos o negativos que puedan desprenderse de cada palabra o acto reproducido, porque empatizas con el otro antes de decidir. Ya has visualizado su sentir, su entorno familiar y afectivo, antes de emitir juicios que puedan afectar o peor aún deteriorar su equilibrio y diario vivir.

Determinado por tu actuar correcto, estudioso y entusiasta de las relaciones fuertes y a largo plazo; tomas la meditación, la reflexión, como billetera en tu bolsillo; como notas en papel que recuerdan la trascendencia de cualquier pronunciamiento. Prestas máxima atención a detalles especialmente en el trato, no cuestionas; antes de señalar con tu índice el pulgar lo diriges hacia ti. Primero te relajas y revisas tu yo interior, donde se depositan todas las experiencias recopiladas que te dotan del albedrío suficiente para no lanzar dardos al aire. Escuchas consejo del más conocedor, del más experimentado y avezado cuando careces de la información idónea para dirimir una controversia y restaurar el orden.

El razonamiento es el instrumento más utilizado, porque no falta en tu morral ni portafolio. Tienes la claridad de pensamiento para entender, sostener que la razón es de quien la tiene; buscando puntos de encuentro, por eso es tan ávido de nuevos enfoques que aumenten el caudal de temas a dominar, porque no puede considerarse la mentira ni el engaño. Exclusivamente te hará notar la verdad y la honestidad con que hagas referencia a juicios básicos, cuyos seguidores estarán para ti sin importar circunstancia alguna.

Te riges por normas claras que generan sensaciones amables de un criterio propio, no imitado. Fue fraguado por dolores, pérdidas y fracasos haciendo de ti un líder, el formador y forjador de nuevas esperanzas para muchos; cautivador, sereno y persistente eres plausible, de admirar. Distingues las emociones alteradas y no permites abordar ninguna de ellas, porque conoces a la perfección las normas y principios que diferencian al bien del mal, las acciones que pueden enrumbar hacia llanuras y pastizales o precipicios y desfiladeros. Tú haces el juicio oportuno para no desencadenar altibajos en el camino, no permites que ninguna circunstancia dañina permee la sensatez de tus actos y atiendes con firmeza ante alguna tentación con un ¡no!, como respuesta inmediata.

Eres poseedor de la prudencia, ya estás moviendo rocas, hay brillo frente a la última que empujaste. Sereno y cauta toma la herramienta, porque se observan nuevos descubrimientos para incorporar en tu mochila mental, los cuales te harán sostener y pulir esa piedra preciosa que puedes producir; si tan solo te enfocas de una en una e incorporas estrategias y usas los métodos adecuados.

Los egipcios en la antigüedad solían decir que un individuo era prudente cuando tenía la astucia de la serpiente, lo ágil y rápido de los lobos, la fuerza y vigor del león y la paciencia carismática de los sabuesos. No vayamos más lejos, de dichos está llena la cultura popular; como el que dice, "más vale pájaro en mano que un ciento en el aire". Más que conducirse con prudencia, hay que dar estimación al valor de las pertenencias, antes que deseo por lo que aún no poseemos.

TEMPERANCIA

Es de las actitudes con mayor peso en nuestro aprovisionamiento cotidiano, se guía por la moderación. Absolutamente todo es objeto de medida y tiende al equilibrio como núcleo, garantizando la no exposición a contratiempos innecesarios. Desde la alimentación moderada, el vestir y la diversión, muchos más eventos y elementos rinden tributo al buen administrador. No se acerca al límite, prefiere la seguridad de lo conforme, ¿de qué sirve avanzar deprisa, cuando hay una lluvia invernal esperando a pocos kilómetros?, de nada. El progreso lento no es equivalente a estancamiento, más que ello representa certidumbre en la concreción constante de buenos resultados.

Un accionar moderado no lleva a altibajos en la rutina, no se permite llamados de atención por pasar por sobre las reglas. Tan básico como las normas de tránsito están para equilibrar, moderar el derecho al libre y neutral traslado de todos los que se movilizan en su vehículo. No hay cabida para emociones desmedidas, como actuar con enfado por no cumplir el objetivo del día; la ira no conlleva más que al derroche de energía. Aquí es donde el seleccionado a conducir, el experto en conocer los límites no abusa y pondera por experiencia acumulada. Si no se estableció una pauta en caso de retraso, en la próxima cita se llegará con antelación y se es inteligente al asistir con puntualidad a las reuniones convocadas; pero son sabios los que cierran acuerdos y firman contratos.

No das ánimo a la irritación, porque conoces que el punto de impacto directo son tus órganos vitales, ellos reciben la factura si no erradicas esta afección que puede convertirse en un hábito dañino y perjudicial; desde donde lo observes. Es el dominio que tienes, porque equilibras todas y cada una de las facetas del buen vivir. No sirve de nada moderar la porción de comida si trabajas dieciocho horas al día y luego en un ataque de ansiedad devoras en una sentada lo de dos raciones. También en la relación de pareja, el amor debe estar bien proporcionado con tiempo para compartir, para el disfrute y el encuentro; pero dedicando también espacio a las personas puerta afuera de tu hogar, las que aportan respeto y buenas costumbres, los compañeros de equipo quienes comparten liderazgo contigo y, sin dejar atrás como mencioné anteriormente, es un decir muy cotidiano: "Se trabaja para vivir y no se vive para trabajar".

Acércate a los sabios e interpreta esta simple analogía, todo debe ir en equilibrio, ¡la decisión es tuya! En verdad, sin sacrificio no hay recompensa, pero es entendido y comprendido que siendo buen administrador puedes incluso sumar tiempo con tu familia y restar a tu esfuerzo. Domino las ansiedades porque asimilo, más que emociones fuera de control son respuesta a proceder o hábitos desbordados. Canaliza esos actos, retoma la ecuanimidad, paz y tranquilidad, como el agua luego de encausada fluye directamente al río y de allí desemboca en un lago o el mar.

Ese control tenemos que mantenerlo en nuestras manos, debemos actuar con inmediatez como cuando el agua se ha derramado. No comprometamos nuestra energía y tiempo por períodos largos, por no dominar nuestras acciones es indispensable apoderarnos del ser consciente, ejecutivo y efectivo, luego de ponderar sobre nuestros actos, de allí saldrán las mejores decisiones que, como en el ejemplo anterior, se recanalizará el agua antes de producir estragos, retomando el sosiego a la brevedad casi inmediata. Una persona temperante calma y alienta, pero decide al respecto; prefiere avanzar en lugar de aplazar, se abstiene cuando es innecesaria su intervención. La cordura es su carta de presentación, se inclina por lo saludable contrario a lo insalubre.

Voy a referirme a la moderación en el dormir. El sueño es un catalizador y rejuvenecedor del uso que das a tus neuronas para que no se oxiden (hablando metafóricamente), pero dejándolas por períodos de diez a doce horas de sueño, no... Ellas se entrenan para darte, ponerte en el lugar que tu aspiración quiera, con seis a siete horas de descanso habrán cumplido con la restauración que necesitan. Con un sueño reparador las neuronas se reactivan, no con un sueño dañino, que las lanza hacia un letargo donde dejan de hacer lo que por bioquímica corresponde, ser estructuras donde suceden y se conciben los más grandes y hermosos pensamientos generadores en nuestro caso de paz y de amabilidad. Puede manifestarse en lo físico a través de tu encanto y simpatía.

Por cierto, deja el domingo para la familia, este día asígnalo en exclusiva para ellos; son encuentros rutinarios que debes fomentar, cada día, cada noche y el fin de semana no lo dispongas para actividades diferentes. Equilibra y hazlo costumbre, con la cantidad exacta que requieres de accionar justo y aplomado; no tendrás que preocuparte por consecuencias ni perjuicios que lastre tu jornada, tampoco estar mirando a los lados cuando caminas esperando una reacción o respuesta a un pendiente por saldar.

No es propio de una vida temperante tener hábitos dañinos ni adictivos; lleva una tradición libre de excesos y malas acciones. No puedes burlar, insultar, traicionar, ni agredir verbal o físicamente al prójimo (a tu complemento). No debes desviarte en comportamientos lascivos como la pornografía, contratar servicios sexuales o todas las demás modalidades online.

No dejas espacio a la suerte porque te mueve la determinación por hacer elecciones sabías y muy bien pensadas, desplazando resultados negativos. No hay cabos sueltos, cuentas pendientes ni acuerdos mal cerrados. Todo es claro y conciso, no se presta a malas interpretaciones; no mengua la tranquilidad que has cuidado y nutrido a diario con tu buen comportamiento, dispuesto y atento a crear en lugar de destruir, sembrar a cambio de arrancar y operar en vez de detener. Es una habilidad que brilla por sí sola y está a tu alcance.

Hay normas que regulan nuestra sociedad, el comportamiento a adoptar respecto del otro, el respeto a la naturaleza y los bienes públicos. Debe prevalecer la renovación permanente, la buena educación, urbanidad y cortesía, que varía según el colectivo donde nos encontremos. Decidimos con civismo dar para recibir, pero dando sin interés. No perdemos nada con desenvolver un caramelo, colocarlo en la boca y guardar el envoltorio en el bolsillo, para luego depositarlo en la cesta del aseo público o en el recipiente propio para desperdicios de nuestra casa, ¡eso es dar!; dar buen ejemplo. Con pequeñas muestras de urbanidad, se asientan generaciones educadas en la conservación y el cuido, más no en el deterioro y la desidia.

3

TU RELACIÓN CON DIOS

CREENCIAS HEREDADAS

Bendigo este día en que retomamos la comunicación. Nos convoca un tema de gran peso y trascendencia, ninguna persona sobre la Tierra está exenta de tener una impronta espiritual, religiosa o filosófica en su vida. Es la principal fuente de energía recibida de nuestros progenitores e influencia familiar. A estos nos atamos desde que nacemos mediante ritos, costumbres y procedimientos formando parte de un sistema de creencias, constituyéndose en el molde que dará forma a nuestra realidad espiritual.

Cuando está ausente la misma se crea una nada, quedándose el individuo sin asidero en este aspecto de la vida, sintiendo el vacío, sin unas reglas o normas que regulen su pensar y actuar, hasta se tiene en cuenta para el momento de elegir tus vínculos sentimentales. Verdaderamente este tema debemos tratarlo con la amplitud que amerita. Lo que pensamos de un Dios, de una figura omnipresente, todopoderosa, de la providencia, define en gran medida si nuestras respuestas en muchos casos están apegadas a temores, si hay tensión por encajar en un grupo eclesial que nos delatará al salirnos y apartarnos de sus preceptos temporal o definitivamente.

Nos forman y hasta dogmatizan acerca de una fe en particular a veces con solo tomar las costumbres como referencia, porque así me formaron a mí e igualmente esa convicción entregaré a mis descendientes. Quizás me equivoque, pero muy pocos se atreven a desafiar y cuestionar el sistema de creencias que recibimos sin consentimiento, obvio. De chicos no contábamos con el poder de elección y muchos se quedan ahí anclados, por falta de arrojo y conceden a la duda un gran peso para según ellos, no saltarse las reglas.

Cuando somos adultos el desconocimiento nos deja en muchos casos sin la oportunidad de seleccionar si estamos conformes y, por ende, queremos o no incorporar un sistema espiritual complementario o alternativo, desde mi óptica considero que no es necesario entrar en la radicalidad. De una segunda religión podemos nutrir los paradigmas espirituales que nos rigen, tan solo sumando ideales, hábitos, usanzas o prácticas sin percibirnos amenazados por ello. Hay algunas que por su esencia son liberadoras, otras se mueven más por límites y se sitúan en el control.

Quiero ser explícito y partir de tabúes que pueden ser observados desde la feligresía. Es muy bien sabido que para aconsejar a un papá frustrado porque no logra el mejor trato y comunicación con sus hijos adolescentes, es idóneo buscar a alguien que conozca de ello mucho más y como plus, que haya experimentado esa vivencia. Es un mecanismo racional cuando el sacerdote se sienta en un confesionario, cuya tarea es escuchar a presuntos pecadores y absolverlos por las faltas cometidas. Él se basa en lo que le dicta la teología, prevalece el perdón luego de una breve penitencia, pero a quien haya cometido faltas mayores no le servirá de mucho.

El líder espiritual es capaz de empatizar con un individuo en un tema, aun cuando no ha sufrido visceralmente una tragedia, teniendo como argumento indicaciones extraídas de escritos Sagrados como La Biblia, El Corán, etc. Visita a un profesional en psicología para escuchar una opinión diferente del contenido religioso, pero en igual medida, puede que no haya pasado por vivencias de la índole que tú le muestras y debates. Yo me inclino por la combinación teórico práctica. Quien ha sufrido una experiencia traumática, el que haya tocado fondo me puede afectar positivamente, de la misma manera al que se dedica a comunicar algo aprendido y sacado de textos.

En una ocasión siendo un chico, a mi progenitora la iban a intervenir quirúrgicamente, recuerdo mi único aliciente era hincarme de rodillas frente a la cama, era una práctica muy recurrente, le pedía a la figura que concibo como dador de vida para que restableciera su salud. Me viene a la memoria cuando mi padre se involucró en un accidente de tránsito luego que un individuo con exceso de copas se cruzó en su camino, comparto que, de niño no tenemos la convicción necesaria para cuestionar las acciones de los adultos; era confortante arrodillarme y orar clamando a una conciencia superior para que lo librase de todo mal.

En la actualidad no dejo de hacerlo, me hinco de rodillas solo ante ese individuo que considero la figura base de todo lo existencial. Hay mucho poder añadido, lo encuentro en mis plegarias y surge un efecto balsámico casi instantáneo. Te relato mi proceder y lo he mencionado en otro texto, porque no requiero de un intermediario para lograr la conexión directa con Dios. En momentos cuando he tenido dificultades de salud graves no niego que haya asistido a un pastor o cura solicitando consejo para complementar mis herramientas, para bien obtener una postura y actitud amplia, no olvides que esas opiniones tienen validez. Son personas cuya disciplina se rige por la vocación al servicio.

Cuando se acude al consejero puede resultar útil o desacertada su orientación porque no se encuentra viviendo tu propia experiencia, aquí quiero hacer un pequeño paréntesis y parangón. Sucedió en una consulta médica con mi internista de cabecera, le comentaba entre múltiples temas que pasaba por dificultades de convivencia con mi esposa, para ese entonces teníamos un solo hijo de seis años; la recomendación que me dio el doctor fue y la cito textualmente: ¡no cometa la locura de concebir más hijos con esa mujer! Ya en casa, le conté a mi señora del consejo y solo confluimos en risas.

Es de humanos tener dificultades y superarlas, discrepar y coincidir, no debemos darle más peso del que en realidad merece una opinión, quizás viene de la buena fe y de espontaneidad. Nosotros decidimos y resultó que dos años después llegó nuestro segundo hijo y este nos unió como pareja, parecía algo inesperado, esos conflictos anteriores quedaron allá en el pasado y nuestras alegrías se multiplicaron, las diferencias y resquemores casi se extinguieron.

Otra creencia heredada es pensar que dar dádivas públicamente habla de tu altruismo porque lo mencionas a todos. Bien reza la Biblia, "que tu mano izquierda no se entere de lo entregado por la derecha"; fácil de entender, esto es un poco de apología, solo lo noble atrae, lo que entregas con desprendimiento. Es con asidero lógico y el ejemplo que se hace un mejor lugar sobre la Tierra.

Aparte del donativo que constituye el diezmo, existen gestos de solidaridad como cuando tú conectas con alguien a través de una sonrisa, aportando tiempo a una causa como visitar un enfermo u alguien que se encuentre en soledad, de allí recibirás la gratificación de forma inmediata con una cara optimista de retorno o unas gracias porque algo cambió con la persona que has compartido. Los grandes aportes filantrópicos ameritan de fundaciones, entes estructuralmente bien organizados para conducir causas de alcance a veces multinacional. Pero, cuando de granitos de arena se trata, define con tu decisión si necesitas un mediador o si lo haces directamente.

El lema es servir sin esperar retribución alguna. El bienestar del otro es la recompensa más grande a recibir por tu apoyo, pero dando opiniones, recomendaciones, sugerencias, más no decidiendo en función del aquejado, no olvides lo anterior debe ser como tinta indeleble en tu conciencia. Todos, rabinos, curas, pastores, asesores filosóficos, espirituales o comportamentales darán su reflexión oportuna cuando la necesites. Es de gran importancia adquirir herramientas en el área del crecimiento emocional e intelectual.

¿CUÁLES SON TUS PETICIONES AL SER SUPERIOR?

Es sabido que la palabra sin obra es letra muerta que, si exclusivamente hay concordancia entre lo dicho y hecho se genera movimiento, bien sea hacia atrás o adelante, al avance o retroceso. Sí pienso que la pobreza me acompañará de por vida, porque pobre nací y me mantengo en esa postura y no hago nada que me saque de ese pensamiento, te tengo una pésima noticia: eso sucederá, seguirás siendo pobre porque no reconoces que la pobreza no es otra cosa que carencia y, primordialmente, es la falta de entusiasmo (Dios por dentro). Si no sabes o ignoras sobre el apalancamiento para salir de esta situación, simple y llanamente te mantendrás ahí, empezando por tu propensión al hablar y las palabras que usas, seguramente ellas son afines con la escasez.

Pero si clamas a la Providencia una ¡oportunidad!, para aprovecharla en cuanto se presente eso dice mucho de ti, traduce una mente preparada, adiestrada para reconocerla en el momento cuando aparezca. Debes tener la determinación y el valor, porque eres el mayor merecedor de ella por tu experticia en el área a moverte, porque con su alegría darás un plus a tu empleador o socio, porque tienes un espíritu desbordante que está represado aguardando su liberación para obtener rédito a los tres participantes del triángulo: el ejecutivo, el operativo y el beneficiario.

Todo se transfiere, desde una cara apagada hasta la más pegajosa risa se transmite a partir de tu energía. Porque sabes que la oportunidad es el eslabón que te llevará hasta la cima, en esta te impulsaras para luego ir a la siguiente y así sucesivamente lograrás la visión más preciada, afianzado este método en tu cerebro te dará ventaja y cada vez más libertad.

Creo en Dios, es mí figura creadora y dadora de vida, en él reposan los cimientos donde se asienta el edificio que me da la confianza para programarme y reprogramarme casi a diario, en busca de nuevas metas y objetivos, todos con tendencia a largo plazo de diez a más años. Desde luego, no puedo pedirle salud si llego de farra a mi casa todos los sábados a las cuatro de la mañana con ingesta etílica, ni tampoco si como grasas y tengo una dieta insalubre, desmedida y una rutina sedentaria. Este actuar inmoderado no es parte de mi día.

Ayer tarde salí en mi bicicleta montañera rin veintinueve y corrí dieciséis km en cincuenta minutos, hoy me espera la misma práctica. El consumo de sodas es casi inexistente en mí, de los licores conozco marcas y se diferenciarlos, pero más que todo por la teoría y muy poco por la práctica. De hecho, se discute en la Unión Europea si toda especie alcohólica, incluyendo el vino, debería tener etiquetado de advertencia sobre lo nocivo que es el consumo en exceso para la salud; por supuesto, pero ahí no se diferencia al asiduo que acompaña las comidas con una copa de vino.

Igual sucede con el tabaco, se deben aceptar estas etiquetas como advertencias más que recomendaciones. Con el uso desmedido de estas sustancias se terminará padeciendo cirrosis hepática o cáncer en los pulmones. No queda otra alternativa llámese cargo de conciencia o responsabilidad social, las compañías productoras y distribuidoras de bebidas embriagantes y tabaco deben aceptar ese dilema preguntándose ¿las personas tomarán conciencia con ese texto o lo pasarán por alto y mantendrán o aumentarán la cantidad que consumen?

Pide dinero y dinero tendrás, pide amor y amor tendrás, pide una familia y una familia tendrás, pide salud y salud tendrás, aunque queda de tu parte si a estas afirmaciones las complementas de contenido o las dejas solas como grama en el desierto. Una mujer que se precie busca que la amen y le brinden comodidades; un cuerpo sano requiere de una dieta balanceada y de una actividad física acorde; por último, si tu meta para obtener dinero es ganando la lotería no recomiendo esa usanza porque buscas atajos.

Solo el que conoce el proceso para multiplicar ¡el dinero!, sabe y se ha hecho así mismo experto en retenerlo. Pero el que lo mal gasta en trivialidades, desplazando prioridades para atender a estímulos emocionales; te decepcionaré, pero no lograrás conservarlo. Es necesario que al igual como dominaste la forma para levantarte, caminar, andar en patines y en bicicleta también aprendas a gestar y gestionar el dinero. Es tan fácil y trascendental como en los ejemplos anteriores y al igual que con ellos, una vez practicado el método solo mejóralo y perfecciónalo de tanto en tanto, acompañado de buena salud, ya el amor y la familia vendrán por añadidura.

No existe mayor elemento que atraiga a una dama digna de tus logros, que un individuo asentado en valores bien intencionados, justos, con humildad; porque esos recursos fueron logrados con honestidad, amor y simplemente la mujer de tus sueños llegará; posteriormente vendrán los retoños, sus futuros hijos.

TU SISTEMA DE CREENCIAS: ¿LIBERA O RESTRINGE?

Basta echar un vistazo en el caso de las tribus y grupos étnicos, donde su chaman dicta las normas y los procedimientos de protección y sanación, él prevé la abundancia y tiene comunicación con los espíritus quienes le dan poderes; esto se ha transmitido de generación en generación, el sabio transfiere todo conocimiento y experiencia a un sucesor. Su amenaza permanente y latente es la influencia que representa la civilización, vista como trampa que desvíe o afecte su vida cotidiana, con elementos para ellos nuevos que atemoricen la cultura y su sobrevivencia.

De igual manera se mantienen las filosofías e iglesias, cuyos fundamentos forjaron líderes de la historia como Jesucristo, Mahoma, Buda, Abraham, en su mayoría representados por otros líderes como el Papa, el Dalai Lama, etc. Existieron seres excepcionales como Mojama Gandhi, con métodos como la no violencia en la resolución de diferencias. En otras creencias se impone el respeto sumo por sus antepasados. Todas estas corrientes conllevan semejanzas que unen, pero a veces igual como las olas de tanto golpear la piedra arenisca crean sedimentos que se desprenden de ellas; así por analogía sucede con una filosofía eclesiástica, si no se nutre constantemente y se persevera tiende a ceder espacio a lo banal.

El meollo está en cuanto te alientan a la libertad, no al libertinaje; a comunicar, no a oprimir tu voz casi hasta el punto de apagarla. Dios cabe en la boca del equivocado que delinque, pero llevar a Dios por dentro y vivir en Dios es algo totalmente diferente. Resumo con una frase aliciente, si Dios está por mí, ¡quién contra mí!

Si seguimos preceptos y enseñanzas no habrá alteración. "Dejémosle eso a Dios" sí, es una excelente respuesta y expresión cuando se escapa del control de nuestras manos una decisión, bien sea porque no contamos en la caja de instrumentos con el elemento preciso para encarar.

Evoco un breve episodio muy recordado que cabe como anillo al dedo y es ejemplo exacto. En una ocasión cuando conducía un taxi por la noche, el administrador me confió un vehículo, pero me hizo énfasis en que tuviera mucho cuidado porque el mismo no estaba asegurado contra robo; pasa y acontece que presto un servicio a una mujer embarazada y un caballero hacia una zona de seguridad media cerca de las once de la noche. Antes de llegar al sitio de destino el señor sacó y me apuntó con un arma y me orientó hacia un lugar completamente solitario, allí me obligó por intimidación a bajarme llevándose el carro. Tomé una carrera con otro taxi y llamé al encargado, conté la situación, este dio aviso al propietario del mismo y ¡gran problema en que me metí!

En la mañana del día siguiente el dueño me preguntaba y sin titubear conté lo ocurrido, no sin notar duda en la comprensión de mis argumentos (él pensaba que había sido un auto robo). A partir de entonces mi mente me trasladó a una prisión, me imaginaba entre rejas, en total indefensión, solo miré al cielo y literalmente lo dije, "señor haz tu voluntad y no la mía".

Empecé a lidiar con la situación, mi celular había quedado en el carro así que comencé a llamar, de tanto hacerlo al fin contestaron; respondió —¿qué quiere?— amigo, por favor necesito saber la suerte del vehículo, ya que el dueño me acusa de haberlo robado—. El maleante contestó, —llama en dos horas y ahí vemos—. Cumpliendo el mandato daban como las diez de la mañana, llamo de nuevo y me respondió como lo prometió, dijo —tranquilo en un rato te doy respuesta del carro, sigue llamando—. Bien, eso me daba a entender que en una hora le debía de telefonear, tarea que cumplí y le dije —por favor deme respuesta, necesito el taxi de vuelta—; este me replico, —vaya a la Plaza de Las Adjuntas, allí lo dejé— no llamé más. De prisa nos dirigimos al sitio en cuestión y gran sorpresa, ahí estaba el auto, solo le extrajeron el reproductor y el caucho de repuesto. ¡Me volvió el alma al cuerpo!

Como en mi celular tenía toda la agenda de clientes a quienes trasladaba regularmente, me era apremiante recuperarlo; decidí llamar y hacer la solicitud a cuya interrogante dijo, —¿no puede ser, te devolví el carro y ahora también esperas el celular?—. Argumenté la razón por la cual lo requería y este puso un precio al rescate del mismo en un sitio definido, transacción que se llevó con éxito. ¿Qué dices de esto?, ¿es un caso excepcional? A veces se toman riesgos, la señora presuntamente embarazada contaba con un contorno falso en su abdomen el cual usaron como señuelo para lograr su cometido; quizás el vehículo lo querían para transportar algo ilegal o a alguien solicitado, vaya a saber. Pero sé que esa fuerza espiritual a quien confío mi vida me brindó la oportunidad de salir de esa situación y continuar avanzando.

Las damas son en muchas filosofías aisladas de oportunidades que solo se dan para los varones, en esas culturas las tasas de separación son casi inexistentes a diferencia de otras religiones donde la mujer goza de todas las libertades, como educación, voto libre y elección, es en estos casos donde la tasa de divorcios resulta más elevada. Son similitudes que caben en debate y aunque no garantizan de modo alguno la estabilidad conyugal, todas y cada una de las creencias siempre buscan el bien común, la reproducción natural, las costumbres provechosas, asegurarse lejos de los excesos, mantenernos en unión y respetar los derechos ajenos, cumpliendo con los deberes propios.

Tan solo son percepciones diferentes derivadas de una misma realidad, no necesario es cambiar de credo para lograr riqueza, tampoco es menester ser ermitaño o fanático para lograr "felicidad"; cada uno tiene una percepción distinta de lo que expresa esta palabra, según la historia que ha modelado el carácter de cada individuo. Felicidad puede ser compartir en familia, sin importar si hay falencias o no; puede ser poseer un carro nuevo o una bonita y lujosa casa; felicidad puede ser y esta lo rige en parte nuestra estructura de creencias, cuando estamos casados y rodeados de hijos.

A cualquiera de los miembros de la pareja se le puede venir por antojo, debilidad o capricho el querer tener una relación extramatrimonial. Yo lo resuelvo fácil, "el día que decidí construir un hogar trasferí el deseo por el sexo a una sola persona en exclusiva, esta es a mi esposa". Los anhelos por otra dama los reemplace por placeres sustitutos, como disfrutar de un bonito paisaje en unas cortas vacaciones, por una comida apetitosa que brinda placer al paladar, por obtener un activo que cumpla mis expectativas y de otras innumerables formas. Con este método bloqueo mi mente y dejo esa experiencia donde debe quedar, en el pasado, caso contrario causará destrucción y arrepentimiento para mi porvenir. Sabiendo y entendiendo que sobre la Tierra o bajo el Sol y la Luna no existe nada oculto.

¿SUBORDINACIÓN O TOLERANCIA? EN UNA RELACIÓN MULTICULTURAL

En diversas culturas más que tabú es una restricción la norma según la cual la pareja debe tener afinidad espiritual con su complemento, si es entre judíos, cristianos, musulmanes, ateos, gnósticos, etc.; cualquiera sea el sistema moral que rige el actuar de cada individuo, recomiendan compartir el mismo que su par. Los cuatro esquemas deseados como elementos primordiales en cualquier relación y de necesario cumplimiento entre las parejas cuando se desea una conexión a largo plazo, son la atracción física, la complementariedad emocional, el equilibrio o paridad intelectual y la afinidad espiritual. En cuanto a la última, si esto no sucede se tienden a distorsionar y es cuando en el momento de educar a los hijos se presentan las diferencias a conciliar; que deben ser bautizado bajo una fe u otra son cuestionamientos recurrentes.

Algunas creencias contemplan la sanación de algunos males y enfermedades a través del secreto proveniente de la oración enfocada y, en adelante se levantan muros. Hay religiones donde la transfusión de sangre no es aceptada. A principios de esta década en 2020 con la llegada de la pandemia del coronavirus algunas religiones no ven con buenos ojos el hecho de aceptar la vacunación con un anticuerpo que contrarresta y previene esta enfermedad, aunque se trate de prevalecer la vida.

Hay creencias donde el patriarcado es la norma y la mujer queda relegada a las actividades exclusivas de los quehaceres domésticos, cohesionándolas del libre desenvolvimiento, ejercicio laboral y profesional, también se le cohíbe inclusive de usar prendas como trajes de baño etiquetando de antemano de exhibicionismo. No es de extrañar ver damas bañándose en playas luciendo pocas prendas, como otras cubriendo casi por completo su cuerpo para no ofender los designios de la deidad.

Es de relevante importancia atisbar todos los puntos de vista y definir bajo acuerdo los límites o fronteras, donde se rebasa lo permitido e inicia lo provocativo, esto antes de definir una relación duradera y pensando a futuro cuando de constituir un vínculo matrimonial se refiere. Hay personas que rompen con las tradiciones siendo titulados como traidores, cuando sencillamente están exteriorizando su preferencia en lo que encuentran más comodidad y les brinda estabilidad psicosocial.

No es en el campo meramente religioso, esto va mucho más allá; se extiende a los ritos y celebraciones, a los ayunos deliberados y la oración constante donde se rinde culto con disciplina y abnegación. Se puede incurrir en errores y en muchas ocasiones los chicos son el motivo de disputa, ellos están en el centro de la confrontación y el precio a pagar por retomar la compostura es cediendo espacio, dando a cambio de recibir. Deben encontrarse puntos intermedios, con la neutralidad y el alto grado de tolerancia que la situación exige en pro de la permanencia del hogar.

No puedes obligar a que tú cónyuge ore, aprenda o adquiera un sistema eclesial que no es el recibido de sus padres. Se trataría de cambios radicales, sin garantía del éxito ni la felicidad de los miembros de la pareja, se estructura una armonía artificial donde uno cede lugar al otro para apaciguar y no alterar con dimes y diretes por parte del entorno familiar secundario (los cuñados o los suegros). La felicidad tuya no puede construirse a partir de la desdicha mía ni viceversa. Aquí, la concordia juega un papel preponderante, se necesita conceder, ello constituye la regla del buen gestor y líder. Se gana más cuando ambas partes resultan vencedoras, no es el dolor de uno soporte que da seguridad al otro, esto no es otra cosa que básica vacilación en cuanto a enfrentar nuevos roles y paradigmas producto de relaciones interculturales. Cuando se dan estos casos es oportuno instaurar una nueva serie de valores bien discutidos y acordados, no por los parientes sino por los involucrados directos.

No tiene por qué tomar partido quien no debe, esto también ocurre cuando se da un enamoramiento interracial, regularmente pegan el grito si es con un miembro de una minoría, ¡qué le viste, que te atrajo! ¿Por qué habiendo tantas opciones elegiste esta?, y pare de contar del número de opiniones formadas. En cuanto tienen el valor de hacer público un romance estas dos almas que gemelas o no, deciden fundirse en una sola se acerca una tormenta, llegan las críticas, los murmullos y hasta el escándalo.

¿Quién sabe más de amor que el que tolera al otro? Lo llaman heterogéneo, diferente, son apelativos para nombrar lo no tradicional, pero es ahí donde confluyen con verdadero sentido de amor, cuando amas al que no es de tu credo ni cultura inclusive si no habla tú mismo idioma. Con total certeza, el sabio tiempo traerá los resultados de cualquier experiencia.

Líder o seguidor, no debe de haber tabús que limiten el derecho a buscar la felicidad por encima de cualquier circunstancia, ese es el deseo y objetivo en el que todos nos dirigimos; es el sumidero donde quedará la razón y anulará toda crítica y cuestionamiento. Los anárquicos, los rebeldes, a cada uno de ellos les llegará su momento de rendir cuentas; solo eres señalado si señalas; así que antes de ver el palillo en la visión del otro, es mejor vaciar la viga que hay en tu ojo.

Tienen cabida los condicionamientos al igual que con un acuerdo prenupcial, todo puede quedar por escrito con antelación, no habrá ninguna mala experiencia que logre irrumpir la paz y tranquilidad que están tan dispuestos en construir. No hay afán ni apuros, si es preciso asesórate de un líder espiritual así cada uno de los miembros de la pareja pondrá sobre la mesa todos los puntos de vista, para no dejar nada al azar ni descuido. Darán opiniones cual consultor, pero es de cada uno de los partícipes la elección y de nadie más; ellos, iguales consejeros brindarán su apoyo, pero no impondrán decisión alguna que vaya en contra de la valoración, ni dañará al otro. Es una solución concienzuda que amerita todo el tiempo necesario, para poner en perspectiva todo lo que pudiera salir mal y así con un abanico de posibilidades expuestas de antemano, se iría adelante frente a la adversidad.

Como otra herramienta muy a tener en cuenta en estos casos es consultar o examinar experiencias similares, ¿cómo se dan a través de las dificultades? ¿Cuál capaces son de moderar y modelar una nueva realidad vista desde sus hijos? Es tema de máxima importancia para dejar bien clara la trayectoria a tomar en función de una posible situación, desde la comida propia de cada creencia cultural hasta las fechas de celebración que rememoran lo sagrado. Todo es tema que afectará, porque la percepción de cada uno es diferente frente al contexto del otro.

La historia que escribió cada uno desde su nacimiento hasta el coqueteo y demás es diferente y peculiar, debe dársele por ende toda la atención para no dejar nada por sentado, existiendo el respeto por los hábitos y costumbres del otro como el punto de partida para una relación estable, cimentada en valores duraderos. Más que teoría es en la práctica donde los resultados dirán el nivel de acierto obtenido. ¿Qué acciones o prácticas puedo acoger de ti y cuáles puedes tú adoptar de mí

Si hay una meta a conquistar es la felicidad, que emana de una convivencia sana, sin rencores, con las libertades y precisiones acordadas con antelación, así que, "dejad que las palabras del necio hagan nido en oídos sordos". Todos los parientes, amigos, conocidos, vecinos y demás serán bienvenidos siempre y cuando tengan la amabilidad y decencia de mostrar el respeto a un hogar digno, con atribuciones dadas por el amor para perseguir el bienestar; solo a costa de la desconexión de algunas tradiciones o reglas, el resto está en construcción.

La verdad universal es que ante los ojos del majestuoso todos somos idénticos, nos cubre una piel y rasgos que no determinan en nada el éxito o fracaso. Es la determinación por no permitir que nadie arrebate el derecho a la libre elección en contra de lo que la sociedad llama normal.

Tiene un brillo, ¿lo notas?, ve percibiendo su valor, ¡púlelo!; empiezas ahora a conocer el diamante expuesto en las ideas nuevas que tienes por incorporar.

4

EL PODER DEL MERECIMIENTO

DONES DEL MERECIMIENTO

En esta fase de comprensión avanzada yo elijo ser mi mejor versión y la piedra que esculpo aparecerá después de cada cincelada, que dará forma a la obra maestra que se va develando de a poco. Merezco lo que recibo y es correlación básica tomada del origen y proceso natural de la vida; se siembra, riega y cuida el cultivo para luego cosechar, progresivamente preparas la tierra para una nueva plantación. La semilla debe ser idónea, favorable a la temperatura, a los vientos y a las lluvias, protegida de elementos que pueden dañar como las plagas y las enfermedades.

En el dar está el principio de toda recompensa, de igual forma en los niveles más elementales de la intercomunicación todo funciona con reciprocidad. Es la correspondencia originaria, que complementa una acción con una reacción de la misma naturaleza. Doy amor y a cambio recibo amor, entrego respeto y espero de igual forma recibir respeto. No hay contraparte que pueda afectar negativamente en una interrelación cuando hay certidumbre de un actuar justo e íntegro, haz bien y eso te llega. Es mercadear sin que necesariamente sea el dinero la contraprestación a recibir por un intercambio, porque no es un producto o servicio sino una acción la que deriva en otra, tan equivalente y valedera como la primera.

Hay gestos que generan multiplicidad, es aquí donde renace cual Ave Fénix la oportunidad de adquirir hábitos. Un valor multiplicador como la alegría es mágico, un regalo de la Providencia; la alegría es la expresión natural más enriquecedora que emoción diferente del amor puede igualar. Ríe a diario, ve contento y alégrate de procesos tan sencillos como cuando por primera vez te levantas, abres los ojos y entra la luz en ellos; sonríe mientras tus oídos escuchan el coqueteo de pajarillos alegrando la mañana con su canto; vendrán consecuencias maravillosas ya que dejas en las personas una impronta y recibirás algo natural y hermoso, como lo es una mirada brillante que corresponderá a tu actitud.

Bendice con regularidad porque tus palabras alivian, es un hábito que trasciende de la emoción a la conciencia del otro, te involucras, lo afectas, lo redime en su interior, aparte que hasta puede convertirse en una experiencia sanadora. Cuando te relacionas con un joven, no sabes si los padres de ese chico fallecieron, no conoces sus normas de crianza y si entre su catálogo de palabras abunda la que considero más preciada, "bendición"; úsala, que ella puede levantar y dejar rastro permanente en un individuo, la guardará para cuando lo necesite y le acompañarás en la soledad con ese bonito recuerdo.

El mayor regalo que aspiramos es el merecer es vivir. Debemos tratar de hablar y actuar con consciencia, esto nos acerca al merecer porque damos lo que esperamos, aunque a veces se pierde el intento, de otra manera rendirnos no es proceder de valientes. Somos capaces de dominar las máquinas y todo producto de la creación humana, pero aun así está más allá y es de alta comprensión, el responder a un estímulo con sosiego y sabiduría.

La conciencia es el puente por donde transitan dos sabios amigos: la bondad y el altruismo; el amor y la tolerancia; la lealtad y la fidelidad; la honestidad y la justicia; el autodominio y la independencia; la empatía y la compasión; la paciencia y el optimismo; la humildad y el perdón; la sinceridad y la franqueza; la gratitud y la alegría.

La sensibilidad es la piel que recibe y transmite las mayores muestras de emoción y afectación, que da importancia y puede agregar más positivismo al ser humano, denotando sencillez que deja al descubierto nuestra capacidad para comunicarnos con mucha facilidad, sin barreras, con espontaneidad, a todas luces prestos y dispuestos, acompañando una actitud de servicio digno del portador de hábitos buenos, constructivos, de manera que genera respetabilidad. Revelas un carácter forjado en el sacrificio conectando a la sabiduría, manifiesta en tu apariencia que acompaña cada hecho y acción, con el cual estás rubricando tu paso por una senda cuyas huellas querrán pisar. Es llevar una vida frugal, pero de alto contenido y valor.

La integridad con que me permito observar la vida, como el transporte que nos llevará hacia los destinos solo imaginados, estableciéndose con firmeza en el actuar justo, que no malgasta tiempo y espacio en criticar ni quejarse, porque sabe y entiende las acciones nobles como el origen de los mejores resultados. Esa energía nos ata con uno de los niveles más elevados, la intuición. El merecimiento se nos otorgó al nacer, a partir de entonces solo podíamos recibir atención en los diferentes y progresivos niveles de infancia; pero saben algo, se construían los cimientos y Dios no se separó de nosotros ni por un segundo.

Con la inspiración lograremos obras que afecten, así como a una persona a toda la humanidad. Lo soñado ayer se hace real hoy producto del trabajo, lo cual necesariamente está adherido el amor como principal complemento para la obtención de merecimiento. No hay obra emanada de mente alguna sobre la superficie terrestre que no haya sido concebida por un proceso preñado por el amor, la pasión por realizar y legar. No hay actitudes pusilánimes sino guerreros incansables: en las letras, la música y la poesía; el diseño y la escultura; la creación y los inventos.

Los presentes, los de hoy somos quienes debemos enderezar los troncos torcidos, reverdecer la tierra estéril, avivar la llama del entusiasmo en el ánimo de los vulnerables, quienes sufren y se mantienen abatidos. Absolutamente todo lo que emane de nuestro actuar en el presente debe provenir de esa fuente de extensión infinita llamado corazón, en lo físico pesa alrededor de doscientos setenta gramos, él puede contener toneladas de amor para enriquecer cualquier sembradío deficiente de ternura, de compromiso y acompañamiento. Lo que procede de este órgano logra aliviar, recuperar al herido y sanarlo, ello es producto de la espontaneidad.

Como un resorte al ejercerle presión, luego de liberarlo el simplemente responde volviendo a su estado original. Igual, no hay necesidad de filtros, se trata de observar lo humano, no lo artificial; lo real, no lo subjetivo. Esto deja al descubierto tú férrea vocación de servicio puesta en el hoy, ya se aclaran las nubes para los que no veían el sol, aunque este siempre está allí, aun cuando la Tierra está girando y la oscuridad nos cubra, ¡el Sol siempre está allí!

No puedo aislar una breve afirmación a repetir, para reforzar y alimentar nuestro sentido espiritual; nada pasa sin trascendencia, esta es: Merezco todo lo mejor, lo meritorio de recibir qué agrega valor a mi vida y me libera a nuevos estados de discernimiento; mis sacrificios conducirán a las metas más nobles por conquistar, aprovecho este día al máximo porque sé lo finito que es, soy engranaje y estoy unido como uno solo con lo eterno, lo Divino.

Aquí hallamos la depuración sensata donde el estudiante supera al maestro por mucho. Reconozco la equivocación de mis padres en algunos ámbitos de mi formación, no es menester el perdón porque con la comprensión consciente basta; les agradezco por todos los aciertos, sin embargo, tengo la claridad de pensamiento porque mis pies están posados en el presente y con ello todo lo que la vida representa. Las opiniones con las cuales estuve en desacuerdo sumaron a auto descubrirme y apoderarme del ser individual, libre de pensar, decir y actuar, aunque también responsable por los beneficios o perjuicios que estos traigan. Sus creencias restrictivas me permitieron evaluar y ampliar el horizonte al infinito y tomar de cada forma de concebir la vida lo mejor, hacerme de notables métodos, base para lograr el bienestar y la felicidad merecidos.

Soy la persona más importante de esta partida, me elevo por sobre cualquier cumbre porque reconozco en mí la capacidad y fortaleza idónea para llevar a término mis planes. Estoy dispuesto a invertir tiempo y esfuerzo hoy a cambio de la paga mañana; pero no el simple método social de intercambio, sino la recompensa que me hará poseedor de sabiduría y con ella ajustar mi temple para hacerme de logros altruistas que darán sentido permanente a mi existencia.

Si no apuesto al bienestar del otro y menosprecio su prosperidad importando solo obtener la mía, entonces estoy nadando en aguas contaminadas donde me puede enfermar la avaricia por buscar únicamente acumular lo material. El gozo que genera el llegar a la cúspide no se compara con retribución alguna. Es esa satisfacción de haber alcanzado algo merecido, porque el amor por lo anhelado fue y es desde cualquier óptica el combustible que movió y ya, a propiciar el logro que brindará el siguiente mérito. Más que por el dinero obtenido es por la realización alcanzada, porque doy el 100%, todo; en este caso, así como recibo con humildad un nuevo hoy, asigno alto valor al ahora donde deposito mi energía.

A partir de este momento desato, desamarro todas las ataduras generacionales dañinas sin propósito y retiro de mí los hábitos insanos. El trasnocho será exclusivamente para dedicar tiempo a mi familia; las copas que beberé no serán en farras ni para concluir en borracheras; los amigos que me rodean son para la vida y no movidos por beneficio o conveniencia; la ponderación en las relaciones sociales será ancla que detendrá el ímpetu para nunca extralimitarme ni atropellar a nadie.

La sindéresis con que me desenvuelvo no permite caer en vanidades propias de artificialidad. Renuevo mi ropero periódicamente para cubrir con vestidura a un líder infatigable, que merece lo mejor porque a la hora de dar no cuestiona ni vocifera, solo comparte porque viene de su conducta natural. Elijo sacudirme a diario de preocupaciones innecesarias, de incomodidades insatisfactorias; prefiero lo básico y sencillo, en lugar de lo opulento y pomposo.

Vivo para educar a los demás, porque en cada rastro que dejo hay una enseñanza por aprender. Es conocido mi enorme entusiasmo por indagar en el conocimiento nuevo, porque cada semana, mes y año, debo actualizar mi pensamiento para que mis ideas no sean caducas, porque entiendo que con cada generación vienen costumbres y métodos renovados, no puedo aplicar ni establecerme en los ya vencidos; sería lo más parecido a atascarme en la máquina del tiempo solo puesta en el pasado. Del ayer tomo lo bueno, lo que dio sentido a mi vida, nada más eso conservo del pasado y lo llevo al siguiente nivel.

Mi objetivo a largo plazo, diez, veinte y más años es afectar positivamente a tantas personas como sea posible, inclusive me imagino cinco décadas después de mi partida física seguir aportando sin estar presente. Mi deseo es llegar más allá de mi familia, a los lejanos, a ustedes. Proponer la mayor abundancia jamás soñada por terrícola alguno, esto es a lo que me refiero al poder del conocimiento desarrollador, liberador y forjador de generaciones sanas y justas; en equilibrio y sentada en valores de respeto, apego por la vida, sin limitaciones heredadas de la sociedad ni tus descendientes; sabiendo que los amas, pero estás completamente seguro que puedes llegar más lejos que ellos y darás a tus hijos mejores condiciones y oportunidades.

¿Qué tomar en cuenta del ayer y el mañana?; del ayer tomo lo provechoso y atesoro los recuerdos inolvidables y, el mañana, lo tengo presente porque hay trabajo y ocupación para los próximos cuatro lustros, los menciono porque están plasmados en un plan escrito con tinta indeleble y archivado en el extremo de mi cerebro donde se fijan las metas y los objetivos, estos los elevo con palabras como: hazañas, proezas o triunfos más que como simples logros. Cuido los elementos que me mantienen en el ahora, doy al cuerpo una dieta saludable y no lo contamino de sustancias perjudiciales ni dañinas, le fortalezco con ejercitación regular como si viniera en mi ADN, porque llevo muchos años de entrenamiento continuo. Éstos hábitos están arraigados en mi psique.

A mi mente le brindo la información que apalancará mi transitar hacia un destino realmente disfrutable, más que por comodidades, por las satisfacciones recibidas, por las sonrisas arrancadas, las vidas transformadas y las gratitudes acumuladas. Sabiendo que en mi cerebro únicamente hay tierra fértil, no hay neuronas posadas en la vagancia ni el desuso, me considero dador de oportunidades para generar cambios, emprendedor de causas y merecedor de un sinfín de experiencias, todas positivas.

Me imagino ser leído por millones de personas, escuchado por otras más y sobre todo haber aportado sentido de humildad, sencillez y bienestar, a través de mi energía agrupadora y transformadora, transmutada de generación en generación. Esa es mi meta, mi corto y fácil objetivo por lograr, para ello tengo a Dios como amigo y testigo. En el camino encontraré la felicidad que necesito para nunca abandonar y los resultados serán eso, simples resultados. Para cuando mi alma repose en la siguiente dimensión, mi nombre y obra permanecerá vigente, con vida. Es todo, ¿qué más puedo pedir?

En la vida encontraré señales negativas, pero la seguridad siempre me acompaña en lo alcanzable. No creo en palabras que resten y limiten, que frenen y detengan, hay que detallarlas y reconocerlas para no terminar en momentos de incertidumbre pronunciándolas, las categorizo como las palabras para no permanecer en nuestro vocabulario. No se niega su existencia, pero no deben habitar en nuestro intelecto; estas son las más recurrentes por los pesimistas, negativos, sin propósito, críticos y quejambrosos. Ellos las aman porque dan cuerpo a la apreciada y muy mencionada, "excusa".

El miedo no es más que una excusa, el temor es eso una excusa para postergar, para aplazar y justificar la inacción, así pasar a ser víctima de las circunstancias. Cuando la enfrentamos nos libramos de cualquier carga desgastante y absorbente, es allí donde se sumerge la preocupación y sale a flote la certidumbre de trabajar y divertirse, dar mejor uso al día que tenemos en frente por ser una bendición y regalo.

Voy tras la recompensa producto de mis esfuerzos y entrega, empoderado me dirijo hacia allá sin ataduras ni armaduras pesadas como el ego y la vanidad. Libre, similar al viento, sabio como maestro, respetuoso cual bondadoso y recto igual fiscal. Merezco todo aquello lograble producto de mi aporte decidido. Sigo la perfección porque por ello trabajo para reparar, restaurar, modificar, reconstruir, reafirmar y embellecer; cambiar y renovar las mentes ávidas de dirección y entusiasmo.

Me desenvuelvo con deseos vigorosos, nado entre verdades porque solo ellas me harán excelso y merecedor de logros. La honestidad la defiendo con escudo y espada, entendiendo como la trayectoria que no permite desviación alguna. Soy de sentimientos sinceros, sin vacilar porque digo lo que siento en momento oportuno y las condiciones apropiadas, no en medio de excitación, ni frente alteración por eventos que muevan las emociones.

En caliente se tiene siempre una respuesta con argumentos tangibles al oyente, para luego en frío no replantear o disculparse, en este estado de quietud se crea con precisión el espacio justo y correcto, para discutir y debatir todas las posibles respuestas agradables o no para el interlocutor, pero aceptadas por usar el mecanismo idóneo para dirimir diferencias cuando las hubiera, siempre hablando con la verdad.

Es lógico, el merecimiento se da acorde con la carga y energía puesta en el esfuerzo, reconozco en mi al igual que en ti la capacidad física, mental, emocional y espiritual, necesaria para destacarse y ser el mejor en tu entorno. Basta con intentarlo y de ahí propulsarse hacía graderías más empinadas, que al igual que tus músculos, tu cerebro buscará, creará y créeme, te encontrarás en la senda correcta donde más tarde se mostrará un horizonte prometedor.

Es necesario aliarse con la Energía Superior, la fuerza que todo lo puede, para afianzar esta área, repito una frase bíblica a menudo porque cada palabra ratifica la verdad por descubrir: "pedid y se os dará, buscad y hallaréis, llamad y se os abrirá". Lo que requieres llegará para añadir paz y equilibrio, abundancia en tu área financiera, bienestar y salud para poder disfrutar junto a los tuyos de los logros, sabiendo que una porción al igual que en el presente se destinará para apalancar al necesitado, al enfermo y abatido.

No me queda más que esperar la mayor comprensión y entendimiento, lo menciono con frecuencia, ¡no se trata de vivir para dar, sino de dar para vivir!; no ocultemos que la mezquindad es la antítesis de la realización, puede haber insolvencia en lo económico, pero jamás debe existir escasez en lo espiritual. Debes fortalecer, sentir pasión por lo que haces.

VIRTUDES Y BONDADES DEL MERECIMIENTO

Todo individuo tiene la posibilidad de disponer, enfrentar con recursos basados en ideales como la bondad frente a la maldad; justicia en contraposición a arbitrariedad; y paz antes que conflicto. La virtud se opone a lo tóxico, al vicio, holgazanería y mediocridad; es preponderante llevar una vida ética, con decencia respaldada por la moral y principios reflexivos, resaltando lo hermoso de todo lo que nos rodea.

Con el poder de contemplación damos un alto valor a la apreciación de eventos básicos, todos de origen natural y perceptibles por nuestros sentidos, como oír el canto de un pájaro, ver las olas romper frente a las rocas, presenciar la lluvia bañando las plantas o percibir el viento refrescándonos el rostro, o el privilegio que hay cuando diferenciamos con la vista, al brotar el sol dibujando un cielo multicolor en el alba, en analogía cuando visiblemente se apaga mientras oscurece en el ocaso.

La contemplación es apreciar la belleza de una dama, la sonrisa de un niño o la esperanza de una anciana. Es notar la hermosura de tu esposa en estado de embarazo, no hay belleza semejante comparable a esta; las arrugas en el rostro de la madre, envejecido por el vivir y plegada por la experiencia que suma los años y deberes cumplidos. Sentir empatía con la necesidad de un harapiento y la desolación del moribundo, la lágrima de dolor y la acompañada de una sonrisa.

Lo que podemos percibir por nuestro olfato, como lo aromático de una planta al reverdecer, el olor de una comida agradable y hecha con amor, el particular aroma de un bebé recién nacido, el café que nos acompaña antes de iniciar la jornada y enfrentar nuevos retos y desafíos, el perfume de una dama a veces queda impregnado en nuestro corazón para siempre, todo eso es contemplación. Incluso el desagradable olor propio de recintos donde se despide alguien por última vez, cuando inicia su paso a la dimensión originaria porque "polvo eres y en polvo te convertirás". Todos los percibimos, tanto los que emanan de la naturaleza brindando oxígeno activador de vida como los que contaminan y generan desequilibrio a los ecosistemas.

Ahora vamos a la contemplación que podemos corresponder físicamente y tocar como el abrazo a la mujer amada y los hijos que sacamos adelante, a la viejita que le escasea cariño, al enfermo necesitado de compañía. Al iniciarnos como padres, cuando nos presentan a nuestros chicos luego del alumbramiento, ¡no hay parangón!, al alzar por primera vez a tu bebé es único, toda la ternura que de allí se desprende es indescriptible, ¡sin igual!

Absolutamente todo, lo bueno y lo contrario es necesario experimentarlo. Son elementos que darán fundamento a nuestra sensibilidad, para disfrutar de experiencias peculiares y reconfortantes; así como de eventos dolorosos que nos hacen convertirnos en seres empáticos, capaces de migrar al cuerpo de otra persona para sentir todas las emociones que la rodean, en función de ello pensar y actuar con comprensión y solidaridad en lugar de crítica.

Estas virtudes son el punto y centro, forman parte de actitudes básicas que ponen el merecimiento por donde quiera vayamos, ya que nuestra perspectiva no es igual a la mayoría. La risa brota a un momento de agradecimiento y jamás en entorno de burla; los aplausos son siempre recursos favorables que añaden entusiasmo e infunden ánimo al elogiado. Tantas virtudes comprendidas en términos que, si ahondamos en cada una ocuparían medio texto, así que voy a dar brevedad y paso a nombrar unas de ellas; porque se trata de todo lo que aliente la paz, hermandad, el generar y replicar vida, por tal razón las menciono a continuación.

La alegría puede barrer la tristeza en un abrir y cerrar de ojos, si es contagiosa y arrolladora. La amistad cuando es sincera, desproporciona al egoísmo y lo elimina por completo de la relación entre personas. El amor cuando es puro, no menoscaba, eleva la confianza hacia nuevos límites y empuja a superar mayores desafíos. La autoestima bien fortalecida transmite lo que con palabras no se dice, es algo visible que arroja positivismo por doquier.

A la par la autonomía se revela más que una necesidad, es el deseo de liderar porque resuelven, son solucionadores, en ella la negación no hace parte de su vocabulario y siempre tiene la respuesta correcta que brinda excelentes resultados. Un alma bondadosa derriba barreras y no prevé fronteras en cuanto a entender y experimentar lo del otro, al que se haya en desventaja o estado de descuido y desatención. Es necesaria la claridad de pensamiento para obtener la apreciación más nítida, ya que no hay sustancia ni estimulante externo que tergiverse de ninguna manera el reto: pensar, decir y hacer.

Se comprensivo sobre lo que genera polémica, ello para ti es tema entendido porque buscas respuestas dentro y no desde fuera del ser, es en la quietud de la conciencia donde aparecen declaraciones sanadoras y de concordia. La cortesía por permitir la coexistencia con quien se presenta diferente que tú, porque le das su espacio y no consideras la precipitación, al contrario, tienes gestos de amabilidad que crean lazos que pueden dar inicio armonizar y conversar, en medio de disentimientos.

Ten creatividad, al ver cada posible dificultad a tiempo que vas descubriendo un abanico de potenciales soluciones en tu cerebro, aguardando para activarse en pro de la inventiva, generadora de respuestas espontáneas a problemas en ciernes. Con dulzura, desplazas la amargura desterrada de tu corazón desde siempre; es lindo regalar una rosa a tu dama, ofrecer un te amo a la madre de tus hijos y a ellos mismos. Un te quiero mamá, cuando nos acercamos al manantial a través de quien el creador nos permitió la vida.

La gratitud que nos hace seres capaces de reconocer el trato amable, dedicado; nos permite exteriorizar la decencia y los buenos modos al comunicarnos con nuestro complemento, ¡los demás seres que habitan el planeta!; dudo que después del amor y la esperanza, haya palabra más completa que encierre tanta abundancia como la gratitud. Tengo paciencia, sin dejar de hacer lo planeado, pero lo realizo sin pasar por encima del derecho que tienen mis seres queridos de recibir atención y tiempo, mis hijos y esposa al igual que mi madre, son mi enlace primario con la vida.

Esto de merecer lo aprendimos por imitación desde la niñez, percibido de nuestros padres en primer lugar, luego por el entorno social quien modeló nuestras elecciones. Sí, fue la educación que recibimos de todos ellos quien nos permitió decidir, qué tomamos y mantenemos; qué dejamos, renovamos o cambiamos por completo. Son ese cúmulo de actos ejecutivos en la toma de decisiones, los que nos hará merecedores de sobresalientes y excelentes resultados, siempre y cuando tomemos el camino correcto entorno al futuro de nuestras vidas.

Todo en su estado natural como siempre lo menciono tiene su equivalencia, pero en la medida que la buena energía y sabiduría nos acompañe, ten por seguro que no habrá lugar para objetivos ambiguos ni resultados mediocres, porque se merece lo mejor y ello llegará. Así como hay una ley de la gravedad que rige todo objeto que tenga masa y peso, también existe la ley del merecimiento y es esta: "concentra en nuestra mente los resultados que debemos recibir como respuesta, luego de la acción en igual sintonía de conciencia".

La fe y lo que emana de ella genera seguridad en la obtención de logros, mientras aumenta la tranquilidad producto del merecimiento: "no voy por lo que necesito, alcanzaré cuanto merezco". También el merecimiento está respaldado por mis actos, donde se evidencia si son dignos de premio o no; la suerte está fuera de aquí, queda sin predominio. En este tema se trata de logros avalados por esfuerzos, enmarcados en la constancia y disciplina que te acercan como beneficiario de retribución; aunque no me refiero solo a la directa, sino al merecer acumulado que redituará a largo plazo.

El equilibrio, nos conduce por la senda más recomendada con medida entre lo justo y acertado, con ello estamos abonando desde un inicio en terreno fértil y de abundancia, te dispones aportar y dar mucho. Adquieres gran valía por tu actitud frente a la vida, porque tienes tanto que ofrecer por ir en transición hacia lo precioso, así que tú estima se dispara de modo inconmensurable.

A través del merecimiento se abren las compuertas por donde entrará los beneficios, esperados e imaginados en su mayoría; porque lo construido a través de nuestro comportamiento no fue semilla sobre roca, se sembró en un suelo retributivo. De paso complementariamente eres dedicado y detallista así que la recompensa no será ajena, te permitirá pensar en objetivos que generen renombre, en quimeras que se pueden conquistar; porque no hay límites al merecer, especialmente cuando un plan está apalancado en la generosidad. Yo me imagino en un periodo de tiempo determinado, situado en una tribuna recibiendo reconocimientos que, de muy joven llegaba a pensar y creía sería posible obtener; hoy más que eso, los considero como una realidad a merecer.

Con una rutina diaria acompañada de diversas actividades purificadoras y vivificadoras, te empujarás hacia la evolución y la juventud eterna; el cuerpo envejece, pero al espíritu ejercitado en el amor no le suman los años. Tan solo las señales propias del desgaste físico por su deterioro natural, son quienes nos recuerdan que en nuestro plano corporal estamos atados al tiempo. Hacer actividad física ayuda, actualmente yo recorro dieciséis kilómetros en bicicleta con frecuencia de cuatro veces por semana, esto activa todo mi potencial; de esta manera las conexiones neuronales tendrán el oxígeno extra requerido, para sobresalir e ir por más y mayores logros.

Asimismo, me aseguro de mantener mis emociones bajo control en todo momento, no me permito en acaloramiento mostrar aireada disconformidad, ahí es donde pido por un momento tiempo y espacio. Siempre parto del respeto por el adverso a mis ideas y opiniones, para luego de empatizar en mi conciencia y a profundidad, entregar las mejores propuestas que dejarán en el pasmo a quienes esperaban división, controversia o peor aún confrontación. No, en mí no hay respuesta emocional para dañar.

Tenemos entonces que la alegría, la amistad, el amor, la autoestima, la autonomía, la bondad, la comprensión, la cortesía, la creatividad, la dulzura, la gratitud, la paciencia, la fe y el equilibrio, son virtudes que al cultivarlas nos hacen merecedores, si a ellas le sumamos la meditación consciente te hará ser mucho más productivo, hacedor y transformador de realidades, permitiendo la reflexión, evaluación pero sobre todo la evolución constante, para actuar con mayor convicción sobre lo que a ti y a tu entorno es más beneficioso.

Todos los espacios a atender deben tener como norte permanente, el avance y la prosperidad, esto para permitirse evolucionar de entre las dificultades y salir fortalecido de ellas. No hay que menospreciar ni restarle valor al hoy, porque también acabará, los días de tu calendario se van agotando, así que es menester tomar sabias decisiones y aprovechar las oportunidades avistadas.

La abundancia permanece en tus neuronas, por tanto, elegir entre multiplicidad y variedad de opciones, te conducirá por un camino de éxito porque potencial hay en ti, no debes dejarte ralentizar por fenómenos sociales como la duda, el temor o la preocupación, quienes son el peor y mayor consumidor de energía existente; no permitas que escalen, identifica y elimínalas de tu pensar con una acción consciente o con aceptación de que las cosas irán a mejor, deslíndate de ese lastre desde que lo reconociste y tíralo al vertedero de lo fútil; ese contenido que hay en el albañal es equivalente al daño y contaminación que hace la ansiedad a tu mente. Disípalas con fe, energía positiva, mejor y más efectivamente con una afirmación nacida desde tu corazón que dice así: "tomad pues las armaduras de Dios para que podáis resistir al mal momento, ya superado todo os mantengáis firmes y serenos". De esta experiencia te levantaras con mayor determinación y sentirás que eres privilegiado, al construir el destino que en un plan escribiste.

Tu simpatía se retribuirá en atención esmerada, favorable y a veces exclusiva, porque tus expectativas de merecimiento emanadas del trato que brindas a los demás, dará frutos inmediatos. Eres merecedor de construir buenas amistades, ya que entregas de más. Mereces respeto y cortesía, porque te relacionas con buenos modales. Como la corriente que baña las rocas que se posan bajo el agua fresca y transparente de un arroyo, ellas merecen estar limpias y hermosas porque están ahí recibiendo ese merecimiento, allí evitan la erosión y que se desborde el cauce.

El virtuoso quien goza de bondades, sobresaliente ya que se asemeja a la brillantez alcanzó la analogía del diamante, eso es merecer. Es necesario pasar por encima de la conformidad y avanzar hacia la excelencia, medir el destino en proezas no en simples objetivos que, aunque son valederos, el merecimiento de este deja rezagado al que titubeó, vaciló o desconfió, quien no identificó la oportunidad como desafío, para sacar fuerzas y usar el apalancamiento e ir tras su mejoramiento y perfección.

Somos en esencia amor, paz, alegría; esta energía puesta en el diario vivir de un individuo, habla de un ser humano que da relevancia en alcanzar lo loable. Somos personas que no se trasladan para descubrir lo instantáneo, sino que nos movemos por lo duradero; guiados por la programación consciente que permite atisbar la realización de sueños y pegarla en el imaginario como un hecho o realidad, un merecimiento a recibir en el futuro.

Estas personas conocen y aplican la conexión transformadora, lo que tocan o con quien se relacionan lo mejoran, lo cambian; sí, por supuesto para bien. Son poseedores de virtudes y bondades porque están en sintonía con la necesidad del otro, no desconocen lo requerido y trabajan ahí, en aportar, atender a las falencias, añadir ánimo y aliento. Son coherentes, actúan en consecuencia, lo cual permitirá serenidad frente al desasosiego, ya que sus conductas de alto merecimiento levantarán y quitarán del camino todos los obstáculos, para dar paso a la abundancia y prosperidad.

¿QUÉ MERECES HOY Y QUÉ MAÑANA?

La realidad no se oculta bajo la superficie, es accesible para todo individuo que indaga sobre su propósito de vida. Con un plan en mente preciso objetivos a tiempo definido, decido donde quiero estar y hacía qué logros va dirigida mi energía y talentos. Es fácil resumir a través de una analogía: cuando siembras una planta de bananas, esta tardará de diez a doce meses para dar su fruto y poco después, se corta la mata para que la siguiente generación crezca y pueda fructificar; no pasa lo mismo con la de café, cuya primera cosecha se da a los tres o cuatro años de plantada la misma y estos frutos se darán de manera anual y el ciclo de vida es de veinte a treinta años.

Los objetivos planteados hace años es posible en estos momentos estés transitando hacia a ellos, bien sea una carrera universitaria o quizás un emprendimiento industrial, comercial o de servicios; en esta índole solo el cinco por ciento de las empresas constituidas llegan a cumplir diez años y más de antigüedad, el merecimiento se presenta aquí en muy pocos casos, exclusivamente frente a las mentes audaces. La dedicación, el temple, la constancia y el sacrificio que exige una iniciativa, va más allá de seguir pasos administrativos; reside en la pasión de los involucrados por hacer de su obra (ente empresarial) la versión cada día mejorada, solo así es posible pretender llegar a formar parte de los decididos que sobreviven y crecen, dentro de la multitud que abandona y fracasa.

No es de menos importancia el crecimiento personal en la etapa que te encuentres. Los merecimientos más laudables son recibidos por personas con mentalidad a largo plazo, que no escatiman esfuerzo en dedicar a su renovación y transformación constante. Se están perfeccionando a diario, cada hoy descubren lo mejor de sí mismos, en consecuencia, la evolución que van alcanzando los eleva por sobre las mayorías y despuntan de las masas, porque no hay actitud de pereza ni engreimiento. Son de firme empeño e inquebrantable entusiasmo, en cada día ven una oportunidad para rendir y avanzar, son de los más arriesgados, los colocan en puestos y lugares de privilegio frente a los menos comprometidos e indecisos.

La hoja de ruta que tengamos trazada para conducir nuestra vida constituye el conjunto de peldaños, que nos ha de colocar en el pedestal donde merecemos estar. Hoy soy respuesta de lo planeado y proyectado ayer, mañana seré reflejo de lo que decido en el presente. Merecer privilegios dependerá, será equiparable a tu entrega y dedicación dirigida a la consecución de logros, con visión colocada en lo nuevo, excelente y extraordinario, no en lo básico, análogo o corriente.

Los merecimientos de hoy vienen atados de acuerdo a las eficientes o deficientes decisiones tomadas en el pasado. Entre más valor añadimos, en cuanto mayor número de vidas hayamos afectado positivamente, en esa misma medida hoy podemos disfrutar de abundancia o escasez de merecimiento. Lo mismo se trasladará al futuro, si solo busca satisfacción económica lamentablemente tu legado solo afectará a tu descendencia. En el caso del conocimiento, este al ser compartido en un aula o a través de publicaciones, trascenderá por mayor tiempo debido al aporte educador y formador que proporciona.

Pero si te elevas e impresionas a millones de personas sobre la faz de la Tierra, a través de un avance científico o una tecnología, creaciones literarias u obras de arte, podrás ser merecedor del título: "uno de los hombres que cambiaron e intervinieron en el curso de la historia de la humanidad". Más allá del paso terrenal, tu nombre será mencionado, elogiado y admirado, porque no pensaste en pequeñeces ya que fuiste hacia la evolución e innovación permanente. Se puede vivir por el tiempo que tus órganos vitales te mantengan en este plano físico o mejor aún arraigarse en la memoria colectiva, más allá de décadas, por siglos. Es el grado de sacrificio puesto en el presente lo que determinará el merecimiento que alcances, "se recibe lo que se da".

Una torre puede durar cien años para luego ser demolida, cuando la modernidad decida que ya no es segura su habitabilidad, en ese momento y para entonces el arquitecto titular de esa creación dejará de tener renombre. Pero vamos a más distancia, sobre las personas que conservan los más elevados merecimientos, empezando por Jesucristo, Buda, los legendarios Newton, Einstein; el reciente Steve Jones; afectaron a la humanidad con su sabiduría que, por mucho tiempo merecerán traerlos al presente a través del recuerdo. Nos legaron una nueva forma de ser, de vivir, de comunicarnos, de entender la existencia y sus leyes naturales que, aunque siempre estuvieron ahí, ellos la trajeron a la concreción con su accionar y entrega irrestricta, obstinación y perseverancia inmutable.

Hoy tengo la esposa que merezco y ella es merecedora de mi persona porque nos elegimos el uno al otro a voluntad y sin condicionantes. A nuestros hijos los perfilamos en función de valores que han resultado beneficiosos para nosotros, nos adaptamos a las modas y preferencias porque entendemos que con las venideras décadas aparecen tendencias, corrientes culturales, sociales y si no permanecemos brindándoles asistencia y acompañamiento, los resultados que merecemos recibir de ellos no serán los esperados. Absolutamente todo se basa en el dar y recibir, cuando la mente se actualiza es más sencillo hacerse con niveles de adaptabilidad que nos colocan en el descansillo, donde debemos permanecer mientras planteamos otros escalones de conocimiento y encumbramiento más elevados, para posteriormente llegar al siguiente, este tema es de fácil comprender por analogía básica.

Somos los únicos autores en la historia de nuestras vidas, contenida por las decisiones que nos han puesto en el lugar que estamos hoy. ¿Gozas de economía establece?, si la respuesta es positiva es porque hiciste lo pertinente para ello en los días pasados. ¿Disfrutas de un hogar armonioso?, si replicas afirmativamente es porque muy seguramente te has comunicado apropiadamente y respetas los derechos de tu esposa e hijos, cumpliendo con tus deberes y exigiendo lo justo. ¿Tu legado actual, si perecieras hoy por cuántos años tendría validez y a quienes afectaría?, si contestas sincera y honestamente es porque has previsto en un testamento todas las circunstancias que pueden venir post mortem, hiciste la adjudicación de los bienes, por ello permitirás orden y concordia para con sus herederos de sangre.

Puedes preguntarte también ¿a tus trabajadores les garantizarás seguridad y estabilidad laboral? porque tuviste en cuenta que ante tu partida física inesperada ya hay una línea de personas idóneas y dispuestas a reemplazarte en el cargo que ocupas. Mirando aún más lejos, si dejaste certificados de obras, creaciones e inventos cuya titularidad te pertenece, decidiste en vida el destino de esas regalías producto de licencias, concesiones o reproducciones, para que los beneficiarios sean tus descendientes directos o una fundación como en muchos casos sucede.

Estos temas se organizan cuando se tiene claridad en el merecimiento que te circunda y acuerdas sobre todos y cada uno de esos asuntos mientras vives. ¿Merecen tus hijos una vida entera cubierta económicamente producto del arrojo y entrega que otorgaste a tus obtenciones o deben forjarse a sí mismo en vez de recompensarlos con un merecimiento añadido y regalado?, ¿los alientas a lograr y ser merecedores por sus propios méritos y esfuerzos?

Los objetivos se alcanzan a través de energías dedicadas y destinadas a apalancar ideas establecidas en planes claros y realistas. En ese camino recorrido, disfrutamos y nos crecemos ante las dificultades con que lidiamos en este tramo comprendido entre la adolescencia y la partida física, lo que notoriamente llamamos vida productiva que desde otro punto de vista es el transitar con propósito para construir legados de todo tipo.

Es de las criaturas inferiores nacer, crecer, reproducirse y morir. La raza humana, quien busca a futuro convertirse en interplanetaria está para ser creadora de excepcionalidades, diseñadores de innovaciones que mejoren la estancia a los habitantes de este planeta, hacia este desarrollo debemos enfocar nuestra visión. No solo presenciar lo cotidiano que es costear las necesidades básicas; realmente es dar esperanza a millones, ofrecerles ánimo y generar expectativa a igual cantidad. Sal de tu zona de confort y muévete hacia logros donde el objetivo a alcanzar sea satisfacer a las multitudes y después se traducirán esos mismos en beneficios multiplicables.

Si me estandarizo en proveer algo a pocas personas, a fin de cuentas, solo a unos pocos abasteceré. Aquí es donde la afirmación recobra poder, "sí, voy por afectar a millones de personas". Con las herramientas tecnológicas existentes hoy día es fácil obtener bienestar y abundancia. El diamante lo hallarás al instante de cruzar la meta, se trata de aumentar la cantidad de individuos a servir, de decenas a centenares, de miles pasar a millones; si, repito, servir a millones. Esta es la clave para obtener los más elevados merecimientos y hacer de la vida en el mañana, no solo un lugar más cómodo y confortable sino deseable e imitable.

Serás referencia para otros porque eres un líder con mente abierta. Vas a dejar de conformarte con una transferencia a fin de mes por miles de dólares, a disfrutar de regalías por cientos de miles al año. Lo repito nuevamente la clave está en pensar en millones de personas servidas y vidas mejoradas; este es el nicho mental que te hará sobrepasar y permitirá obtener más alto merecimiento.

Es pertinente en el transcurrir por este nuevo camino, constituirnos como individuos que no distinguimos ataduras ni lastres y, si existiesen, los sabemos reorientar y manejar. Identificamos los atajos y hacemos uso de senderos que no socaban la moral, la ética, ni individual ni colectiva. Por esta vía atraigo a individuos divertidos y generosos, cuyos pensamientos se alinean con la energía que emana de los míos, haciendo sinergias cada día con mayor número de personas con imaginación poderosa e ideas sólidas.

Se es positivo como un extremo de las baterías de carga, pero no desconocemos la existencia del otro polo de la misma; nos localizamos solo en lo que permite sumar, haciéndonos personas con solvencia y ello contribuye a una vida próspera. Es superarse experimentando una precognición clara y detallada sobre el futuro, casi producto de una revelación sobre los resultados por venir.

Nuestro principal activo se denomina presente, esta es la senda que nos permitirá conocer el mañana. El aprovechamiento cuando es orientado por un gran propósito: millones de vidas a servir, te blinda, protege, resguarda, hasta la consecución de tu proyecto. Créeme no se trata de ir a la Luna, no es tan difícil como lo puedes suponer con tu primera impresión, yo mismo trabajo en ello, estoy educando a millones, despejando el horizonte que para la mayoría está cubierto y la Providencia, producto de mis esfuerzos, decidirá el grado de merecimiento que reciba.

Me expreso y quiero ser ejemplar, no busco otro objetivo con mis palabras, mi rutina desde que lo establecí para el resto de la vida, aunque es ajustada no me limita de tiempo para dedicar a mis seres queridos. La jornada regular por cuatro o cinco días a la semana inicia con el despertador sonando y levantándome a las tres de la mañana, entre jornadas que se extienden a veces hasta las nueve o diez de la noche, lo hago con la determinación que me permite esforzarme al máximo, no titubeo porque creo en mí. ¿Si yo puedo proyectarlo, porque tú no?, záfate de la visión cercana y cortoplacista, estoy tan ocupado y lo estaré por los siguientes veinte años, ello está contemplado y escrito en un plan que con disciplina ejecuto. Ve por más, muévete por la abundancia, que el presente se acaba y renueva, porque solo mereces vida plena cuando das, reparas, alientas y reanimas vidas.

Aprende a recompensarte, mimarte de vez en cuando, ¿sabes que tienes diamantes por pulir?; concédete privilegios, hazte regalos, prémiate de vez en cuando. El esfuerzo que realizas hoy te hace merecedor, hazlo, no dudes que estos detalles te darán confianza en la satisfacción futura. El porvenir es tuyo porque lo construyes, hay un propósito y una meta, sigue y avanza, la promesa se cumplirá y vendrá acompañada de todos los merecimientos.

Dedícate tiempo y dinero, diviértete, jamás entres en terreno de tacaños ni avaros. Tu parcela la siembras con honestidad y sin mezquindad, así que ve y date los pequeños presentes que mereces hoy. Recréate, sal de vez en cuando de la monotonía, deja que esas neuronas sientan el placer y los privilegios que vas conquistando producto de un trabajo bien dirigido y en marcha. Es menester compartir con los que están cerca, su sangre, ellos conocen tus sacrificios y obtendrán beneficios por estos también. Tus hijos son la más cercana y primera motivación, pero sin olvidar que cada individuo debe ser artífice de su destino.

Permítanme una vivencia. Por estos días compartía con mi hijo de doce años, quien me comentó que ya había escrito tres canciones, solamente le felicité y alenté para que fuera por cincuenta temas propios para el próximo año. Una existencia marcada por desafíos ejemplifica un futuro de resultados como consecuencia de múltiples y diversos merecimientos. Le digo campeón, construye y crea lo que quieras, por ello obtendrás toda la recompensa por ser aplicado, si tarda no aflijas que se trata de afectar vidas y lo que mereces vendrá por sí solo.

Merezco salud porque me cuido con una dieta alimentaria sana, excluida de bebidas embriagantes y ajena de sustancias psicoactivas. Merezco buenas amistades porque no me baso en el interés para con ellas, veo a profundidad lo que irradia su corazón y abordo sus intenciones; cuando estas son trasparentes y sinceras, lo demás se da por reciprocidad. Desde hace siete años estoy inmerso en rutinas de ejercitación física, que al igual que mis propósitos me acompañarán mientras viva, es mi decisión y lo que apruebo se cumple.

La persona que brinda amor a su semejante, mostrando interés en el servicio, aprecio por el otro, que levanta con su sonrisa y anima con su carisma, estos seres peculiares son a los que les aguarda un mayor merecimiento, porque en cada interacción están sumando millas en el camino hacia su destino, uno repleto de obsequios materiales e inmateriales. No todos llegan a una edad longeva con buena salud mental y física, si lo logran es porque lo merecieron, en su transitar por la vida de seguro dejaron huellas imborrables que querrán seguir quienes conocen su historia.

El reconocimiento también habla de merecimiento por una acción realizada, un logro alcanzado o de cualquier manera una semilla que se plantó, cuidó y cosechó perfectamente; es sinónimo de bienandanza. Les dejo con una de mis afirmaciones cotidianas y favoritas, que por sí sola abarca mucho, "todo lo puedo en Dios que me conforta".

5

EL AUTODIDACTA

El autodidacta es un individuo desde sus inicios aventajado, da gran valor a la dedicación del aprendizaje, además de instruirse a partir de una educación menos costosa en tiempo y recursos, aquí no existen los perjuicios propios del aula de clases universitaria, donde el estudiante con mejores notas es el más listo. En el autoeducación el patrón de calificación es igual a inteligencia, no existe; los conocimientos y destrezas adquiridas son puestas a prueba de inmediato, no en vano el autodidacta aprende para aplicar y resolver una necesidad en cuestión. Su auto dedicación puesta en la incorporación de información potenciadora le suma experticia, ya que su sediento y deseoso apetito por dominar cuanta disciplina elija, le hace virtuoso y sabio.

El autodidacta explora y todo lo investigado se incorpora a su caja de herramientas por usarlo, esto es asunto relevante y casi de supervivencia, más que ahorrar dinero es la manera de enfrentar y resolver con autonomía alguna dificultad que amerita de pericia técnica o profesional. El autodidacta se instruye de manera independiente siendo hábil a la hora de capacitarse, invierte tiempo y esfuerzo en la adquisición de nuevas destrezas y habilidades. Se aplica decididamente a aprender en un proceso que ejecuta de manera autónoma, acude a tutoriales, artículos o publicaciones, él es un apasionado por lo actual.

El manantial donde se embulle es casi por completo en el contexto online, conoce a profundidad y distingue las diferentes fuentes. En el momento de hallazgos confronta, compara, participa y avanza; es un aleccionado estudioso, no alardea de saber, pero tampoco es tímido, tiene mucho de sagaz y perspicaz, pero además de todo eso es dueño de su propio tiempo para organizarlo en qué y cuándo quiera aprender.

La iniciativa propia lo lleva a querer abarcar una gran cantidad de posibilidades, con su mérito indiscutible por incorporar y renovar conocimientos a diario, se hace poseedor de lo actual que sepultó a lo pasado y ello pudo haber sido lo utilizado ayer; así observando desde este punto de vista demuestra ventaja sobre el ilustrado formal, quien con título en mano ha ganado confianza, pero perdió interés por renovarse con inmediatez y sin pausa.

No reconoce ni necesita la aprobación de ningún profesor, no es juzgado ni menos acepta calificación alguna; su disciplina auto impuesta al seguir un plan apegado a objetivos por cumplir y con una dinámica atada al cambio, le permite rotar o girar cuando lo considere necesario. Merece el mérito por obtener conocimiento enriquecedor haciéndose avezado y atrevido en la búsqueda y puesta en funcionamiento de planes y proyectos.

Es conocido el empuje y determinación de líderes tecnológicos mundialmente renombrados, estas personas no fueron a la universidad o la abandonaron, ellos se formaron a través del conocimiento autodidacta. Sobresalen como innovadores que cambiaron y modernizaron nuestra manera de comunicarnos, las herramientas de informática usadas hoy día, el software o los dispositivos electrónicos; sus aportes a la humanidad son de inconmensurable valor.

Desde Henry Ford hasta Steve Jobs, ellos llevaron vidas excepcionales y dejaron legados, doy dos ejemplos que motivan y mueven a la creatividad autodidacta sin pisar una universidad. Sus habilidades excepcionales los hicieron cambiar el mundo, cada uno en su rama de dominio y control, de manera que quedan en la historia como titanes hacedores y transformadores de realidades. Fueron inventores insaciables cuyo aporte a la humanidad se recordará por siglos y sus logros están para apalancar la moral de todo aquel que, rechazado o imposibilitado de acceder a la educación formal, decida educarse a sí mismo, sin restricciones y con ventajas a un clic de distancia. Nunca antes fue tan fácil y rápido acceder a la información.

El autodidacta empieza a prepararse por sus propios medios en la materia que desea o en la que siente fortaleza: el arte, la música, la ciencia, la tecnología, las finanzas, la administración o la gestión de negocios, por nombrar solo algunas, por cierto, esta última es de las más elegidas porque es natural de un autodidacta emprender. Pretenden y es su objetivo apalancar un producto o servicio, buscar que los usuarios o consumidores lo aprueben para así posicionarlo, es un implementador nato, da valor al tiempo porque reconoce lo rápido y cíclico que puede ser la viabilidad de un artículo en el mercado y el riesgo de ser desplazado por un competidor, conocedor y deseoso de ese nicho.

El autodidacta empieza como un aficionado por determinado contenido, relegando o aplazando, si es el caso, por uno que amerita más interés. Lo que encuentra importante no vacila en aprenderlo con prontitud pues tiene en su sinapsis mental activada, una programación definida para ocuparse de la adquisición de información y la puesta en práctica de un plan, cuyo acierto respaldará con resultados. Generalmente los costes son muy bajos porque hará ensayos a escala menor, aunque tendrá suficiente auto confianza para ir al siguiente y próximo nivel.

Los métodos son cuantiosos y diversos, se emplea la audición de libros electrónicos, la lectura y la interacción práctica a través de videos, participando en foros o los comúnmente tutoriales, estos están dedicados a fomentar el aprendizaje de destrezas de forma casi gratuita, tan solo debes invertir tiempo y tener pasión por nutrir el intelecto. Se hacen expertos, estudian generalmente porque el conocimiento que adquieren lo usan para hacerlo productivo.

Son líderes sin formación reglada, se hicieron a sí mismos y forjaron su carácter en función de deseos por alcanzar metas asequibles a cualquier humano que se considere sano mental y emocionalmente, que sea espiritualmente equilibrado. No menciono físico, por ejemplo, una discapacidad motriz no es impedimento para llegar lejos; el cerebro es la herramienta básica, indispensable, quien procesa y advierte desde que punto podemos partir y hasta donde llegar.

Son autónomos empedernidos, rápidos, apasionados, no se esfuerzan por una calificación o nota, no leen una enciclopedia para presentar una prueba derivada de ella; en su mayoría son forjadores sin títulos. Aunque algunos titulados adentran y se hacen exitosos en ramas diversas y diferentes a las estudiadas en la universidad, así que se inician como autodidactas y ya enseguida jamás abandonan esa práctica.

Son decididos en medida tal que se empujan a menudo a investigar hasta los límites en la obtención de información disponible, indagan, se hacen expertos en cuanta área del conocimiento deciden abordar. Desde crear con algoritmos e instalar un programa práctico para atender una necesidad, hasta la enseñanza de idiomas online y pare de contar la infinidad de aplicaciones disponibles y en ciernes para cautivar y mover hacia la creatividad, cada día, a nuevos futuros empresarios.

Su mayor fortaleza es la confianza, se fijan metas, algunas veces desafiantes para los formados académicamente, ya que como ventaja el autodidacta ha fracasado numerosas veces, otorgándole esto un plus o privilegio frente al que no se atreve, quien tiene miedo de enfrentarse con los cambios que representa despedirse de la seguridad del ingreso fijo, para trasladarse a la incertidumbre de un emprendimiento.

Con desprendimiento permites a través de tu autonomía ser autosuficiente. Recuerdo un relato muy importante que pronuncié a unos allegados: "el hecho que seas profesional, salgas del seno de tu hogar, de la tutela de los padres y empieces a devengar sueldo producto de un empleo, esa realidad no te hace independiente, lo que hiciste fue trasladar la dependencia de ellos hacia la subordinación a un empleador, porque no eres libre de utilizar tu tiempo a antojo, ya que sí faltas a una jornada laboral sin justificativo te despedirán y contratarán a otro".

Por favor entiéndase, la única independencia que te libera de forma tal que puedas usar y disponer de todos tus días es a través de un emprendimiento. Ya en marcha y conducido por personas competentes, tú en el papel de accionista y director, solo revisaras balances, supervisaras esporádicamente; es ahí cuando gozarás de libertad para dedicar al bien más preciado a poseer: una pareja y unos hijos.

Su empuje va impulsado por una fuerza procedente de las entrañas; su aprendizaje no está reglado por lo dictado por el sistema, al contrario, el autodidacta ahorra horas preciosas y gana dinero cuantioso. Su orgullo se fortalece porque con la práctica él se pone a prueba y obtiene el resultado de sus enfoques, alimentado por insaciable necesidad de conocimiento e infinita disposición por mejorar, yendo más allá de lo existente y acudiendo a la inventiva propia.

El autodidacta se auto exige, sabe y lo ha comprobado, en relación con la necesidad de ir más adelante, entiende que hay una mejor y más simple forma de hacer las cosas. A través de una dedicación obstinada, una disciplina a rajatabla donde planifica, desarrolla proyectos, negocios y evalúa. Su mérito se hace manifiesto a medida que va arrojando resultados positivos porque reconoce en la crisis una oportunidad para perfeccionar e implementar nuevos métodos, usar herramientas modernas que están ahí, aprendidas, disponibles para el momento idóneo. Se complementa en su librería mental. Mi esposa en pocas ocasiones me llama la biblioteca ambulante, cuando difiero con argumentos ciertos y sensatos, de sus opiniones u ocurrencias.

El autodidacta coloca planes en acción y determina la duración y energías necesarias para concretarlos. Regularmente, en mi caso sucede, venzo esos plazos y concluyo antes de terminar, muchas veces desplazo espacio destinado a algún renglón aparte de la creatividad y planificación, como por ejemplo resto tiempo a la cantidad horaria semanal para ejercitación física o a la dedicación a mi familia, aunque solo un tanto y no lo elimino, generalmente lo restablezco pronto.

Mi argumento válido, ello porque me apasiono por lo nuevo, por las ventajas que me llevan a un lugar de privilegio y me sitúa en actividad constante para no detenerme, como lo describí hace poco, mi rutina promedio por cuatro días a la semana inicia a las tres de la madrugada. No puedo evitarlo, ya estoy programado y es hábito arraigado el cual me brinda resultados positivos y me empujará a nuevos alcances, porque desarrollo planes a concretar en diez años, lo menos sería divagar en la espontaneidad o suerte y en mi posición prefiero el éxito emanado del esfuerzo enfocado, definido y disciplinadamente ejecutado.

Para el autodidacta aprender es la destreza que termina con la misma vida, es decir, mientras nuestro cerebro cuente con capacidad cognitiva nos situamos en la necesidad permanente de adquirir y renovar conocimiento. No olvides que la información también es transitoria, una venidera puede desplazar la vigente, con renovadas metodologías, procesos, tecnología, lo que hace cambiar conductas e intereses, generando nuevas expectativas de aprendizaje. Por ello cuando menciono adquirir, sumo el término innovar para así reconocerlos.

Su servidor Javier Osorio Barajas, autor de esta obra llamada *Recoge tu diamante*, ya he auto publicado mi primer título cuyo nombre es *Eres afortunado*, y créanme ya existe el próximo manuscrito de mi siguiente libro esperando por el proceso de edición. En alguna parte del texto anterior me defino como escritor autodidacta, porque son estudios y estadísticas las que respaldan la siguiente afirmación: tan solo el 10% de textos publicados son desarrollados por autores titulados. Esto da una ventaja, porque absolutamente toda esa diferencia de contenido la puede complementar un ávido como tú y como yo.

El convertirme en escritor parecía inicialmente una locura y, de a poco, fue tomando forma hasta concretar y definir un empuje imparable, porque sé la necesidad de nuevos enfoques más adaptados a la realidad, con visión de futuro, manteniendo al lector con ideas frescas y nutridas de experiencia, las cuales dan certidumbre en lo vigente y funcional que puede resultar incorporarlas.

Otros méritos que quiero compartir contigo, tengo planes en mi cerebro desde ya hace décadas acerca de inventos que en un futuro no lejano pienso materializar. Ellos son tres, dedicaré tiempo y esfuerzo, delegaré a personas idóneas y confiables, desarrollaremos prototipos para luego patentarlos, no sin antes haberlos expuesto al público y contar con al menos un 80% de aprobación, luego de registrado y protegido legalmente iré al lanzamiento y preventa online.

Como hoy publico mis obras, mañana será una variedad de productos basados en atender a necesidades existentes, con la originalidad e innovación que requieren los mercados de masas. Esto no detendrá las publicaciones futuras, en cuanto a su cantidad y calidad de contenidos, ni la periodicidad con que saldrán. Todo se rige por autodisciplina, ella es la principal herramienta del autodidacta.

Recuerdo lo aprendido y este es el trasfondo, el conocimiento que se comparte y enseña es el que más se retiene. Así es, esta tarea de escribir a diario activa y renueva la capacidad de mis neuronas no permitiéndoles atrofia por el desuso, por lo contrario, me impulsa cada vez más a nuevas y maravillosas aventuras, convirtiéndome en un ser humano feliz y motivado; no tanto por los resultados obtenidos, porque en este momento en que me hayo escribiendo este manuscrito los desconozco, sino por el placer y privilegio que encuentro cada día al moverme y avanzar, ¡esto da sentido!

Hoy me siento realizado, nuevamente repito no sé qué me depara el futuro, pero es en el proceso y desarrollo de mis planes que encuentro la plena satisfacción, no me deja estático, tan solo me detengo por breves períodos de reflexión y reposo, para posteriormente continuar evolucionando.

HÁBITOS DEL AUTODIDACTA

El autodidacta sabe en qué momento está en posición de aprendiz y cuando preparado para ser maestro, la amplia experticia en un tema y el control del mismo lo despunta y lo hace idóneo para transmitir el mensaje de lo aprendido, con enfoque y dominio. Su conocimiento está respaldado ampliamente por la práctica y su método o estrategia tiene la garantía de que funcionará al 100%, con el aval por parte de la práctica se hace maestro por su repetitivo número de aciertos minimizando las equivocaciones.

Puede ser perfectamente líder en la educación informal que promueve los sitios online y las redes sociales, en las App que cada día dan muestra de los avances y niveles de inventiva e innovación, jamás publicados ni expuestos en el pasado.

La disciplina es comparable con la terquedad que muestran durante el proceso. Son incansables, desplazan tareas triviales, hobbies y ocupaciones poco productivas, todo a cambio de dedicar gran parte de su tiempo en convertirse en expertos en el tema a desarrollar, no andan por las ramas; se adentran con tal pasión que erradican el mero impulso. Su yo interior es fuente de energía infinita, lo que los empuja hacia la concreción de los planes presentes en su mente y como son de memoria fotográfica, no se les escapa nada o ningún contenido que merezca incorporar o les permita sumar en el adelanto del plan en ciernes. No hay analogía diferente que la de obstinados incesantes.

Están convencidos que el esfuerzo es la herramienta impulsora y desarrolladora de cuanta propuesta tienda a indagar o plan a ejecutar; no se relegan a esperar resultados por sí solos, se sacrifican en tiempo, trasnochando, levantándose a primeras horas de la madrugada. Son asiduos cumplidores de los procedimientos que conducirán a resultados, cuya suma de estos dará más que esperanza; proporcionarán certeza de transitar por el sendero correcto. No se menguan por los miedos propios de emprender ya que están resueltos a atender una necesidad presente; gestan y ponen en marcha nuevas ideas, capaces de orientar a los compradores hacia hábitos provenientes del consumo de productos innovadores y así cautivar el mercado.

Son seleccionadores y saben hacerlo; están capacitados en la escuela de la vida en todo lo concerniente a soluciones básicas, producto de reflexiones simples y razonamiento espontáneo. La incorporación del conocimiento que apalanca es su mejor decisión, cuando mediante procesos de discernimiento logran purificar, depurar, clasificar las mejores ideas o procedimientos, las cuales darán opciones a tomar en cuenta para impulsar con certidumbre absoluta hacia la continuidad y concreción de los objetivos, estos se enriquecen, separando lo trivial y poco valorado.

Somos soñadores, logramos todo cuanto nos proponemos alcanzar. Generalmente tendemos a cuestionarnos la respuesta que recibirá un producto ante el mercado. Hacemos prototipos, exponemos públicamente los descubrimientos producto de estudios profundos en el tema, no erramos al hacerlo y lo efectuamos con plena seguridad; cuidando que la muestra o invento en forma de demo, no estará en riesgo ante un público determinado. Lo enseñamos a usuarios y consumidores genéricos, no a potenciales productores o desarrolladores, quienes podrían colocar en riesgo nuestra iniciativa, obra o creación, por aun no haberla registrado, certificado o patentado.

Se es curioso y cauteloso, celoso del público presente, haciéndose previamente una entrevista individual para cada participante asistente a la muestra, con el fin de no correr riesgos de plagio o imitación colocando en peligro la propiedad intelectual. No olvides que una cosa son las personas asistentes a la exposición, a quienes se exhibe por primera vez un producto nuevo o uno existente modificado; y otra muy distinta es el inversor, cuyo objetivo es valorar el producto, invento o iniciativa, para darle valoración y pujar por participación accionaria en el mismo, junto a los fundadores, autores o creadores.

Se destacan como ávidos ejecutivos, certeros, aunque ambiciosos, ocupándose con tranquilidad y serenidad, para no llamar mucho la atención sobre las expectativas en las diferentes etapas de valuación, mejoramiento y desarrollo de un plan; no dejan dudas, los definen como carismáticos, seguros de donde vienen y hacia el sendero que se dirigen. Son los más exitosos del futuro, ya que cuentan con numerosos asesores quienes prestos para dar opinión, información y recomendaciones que, sumada a la propia indagación preparada por el líder, prevén sin temor el accionar más ajustado y efectivo.

Son asiduos a participar en talleres, seminarios, cursos de apalancamiento y mejoramiento. Saben que el conocimiento es el poder que abrirá de a uno, todos los portales que conducen a un éxito duradero. No se conforman con una consulta, investigan a fondo para diseñar y proveerse de planes alternos. Son audaces, dispuestos a complementar cualquier opción que no haya arrojado la mejor respuesta, así que en cuestión de horas ya se está implementando un plan sustituto. Por ejemplo, en el mercadeo no se requiere de días, basta con horas para detectar cuando una estrategia ofrece soluciones y resultados positivos o no, a través de un método práctico se permite virar de forma inmediata en otra dirección.

Son multidisciplinarios, primero van a la esencia, abastecen, acondicionan su actividad mental, la vivifican, la colocan en acción al 100%, elevan su IQ (cociente intelectual) a umbrales no alcanzados antes; se dedican a enriquecer su cerebro antes que los bolsillos, comprendiendo que esto sucederá posteriormente. Comprenden la ejercitación mental como dinamizadora del intelecto, llegando al máximo en creatividad e innovación.

Doy un breve y clásico ejemplo, la adquisición y aprendizaje de un nuevo idioma es de los procedimientos de mayor estimulación del sistema neuronal. Es necesario, al menos probarlo por un período corto de ensayo para recibir de las neuronas un aporte inimaginable, no en vano es recomendado por los especialistas en Psiquiatría para personas con trastorno de TDAH (trastorno déficit de atención por hiperactividad) y Autismo, entre otras afecciones de las conexiones neuronales. Pueden dominarlo, están tan seguros que se sienten cómodos comprometiéndose con la obtención de logros, concentrados en el área de conocimiento a controlar y no vacilan en afirmar su idoneidad para ello.

Son autocríticos, el autodidacta no va a desgastarse ni consumir su energía en los errores continuos, tienden aprovisionarse de cuanto necesitan para fallar lo menos posible, debido a los drásticos y trascendentales avances existentes de un prototipo al siguiente, del estado de una idea al siguiente nivel de la misma. Son obstinados por la perfección y excelencia, buscan innovación para tomarla, gestionarla e incorporarla, si no es propia, hacen alianzas y aceptan licencias de cuanta herramienta tecnológica no dispongan para luego mejorar exponencialmente y apalancar sus prácticas. Son asiduos del conocimiento último, con vigencia por tanto no es extraño que estén suscritos a infinidad de creadores de contenido.

Apóyate especialmente en quienes muestran desinterés por el lucro, ya que tienen especial afinidad con los que sirven de manera gratuita; porque yo mismo, tú como autodidacta pondrás tus hallazgos, inventos al servicio e impacto de un nutrido sector poblacional, cuyo alcance en la distancia lo mide tu propósito. Si quieres y piensas tocar a miles o al igual que en mi caso anhelas llegar a millones de persona con sentimientos y emociones, aféctalos positivamente por lo progresivo de tus logros.

Entre más cantidad de individuos impactados favorablemente, tu diamante a recoger será más precioso, estará entre los primeros lugares, pero nunca entre los últimos. El conocimiento relativo que has acumulado en la masa cerebral, puede llevarte a adquirir no una, no dos, más bien muchas piedras preciosas; depende de la información y retroalimentación hacia los resultados con que hayas formateado tu cerebro, si no lo has hecho inicia ahora mismo porque no puedes recoger lo que no ambicionas. Debes crear las condiciones precisas para hacer de tu pensamiento un motor, servidor y enriquecedor, que proporcione felicidad en tu entorno familiar, laboral, comunitario y económico, para hacerte libre de elegir y cambiar cuando tengas que hacerlo. Es obtener lo equivalente al valor de la gema en forma de bienestar, salud y armonía, relacionada a todas y cada una de las facetas anteriormente mencionadas.

Si te haces acumulador de diamantes, te convertirás en un avaro y no es el hábito a enseñar. Si ambicionas riquezas para contribuir a la felicidad, empieza buscando en tu casa, con un sueño reparador, sin lastres, junto al amor de tu vida y los hijos, con quienes construyes a diario relaciones proactivas e integrales. Legas tu ser autoeducado para permitirles ser administradores eficientes de su tiempo, emprendedores a corta edad, desde los doce años me parece acertado y luego darles las alas que le permitan volar independientes, libres, soñadores, individuos capaces, ejecutivos y solucionadores; porque esa dirección solo la puede dar un autodidacta como tú, con visión aguda. Ellos, tus chicos, son más valiosos que diamante alguno, con orientar y conducirlos correctamente será suficiente.

El diamante físico que tendrás que recoger cuando acudas a la mesa de noche en la mañana, va incrustado en una joya con forma de anillo, arete o collar; quiero que lo uses como muestra de capacidad proporcionada por el resultado que tu esfuerzo propició; ella te brindará gran placer. Si aún desconfías que tengas esa posibilidad, solo libera tu espíritu autodidacta, ponte en acción y el éxito llegará.

Si no hay nada por tomar del mueble junto a la cama es porque no has puesto a volar tu imaginación; es tiempo, hay que empezar a hacerlo, sin miedo, sin prisa, pero sin pausa. Tienes temas e ideas liberadoras, con verdades que muy probablemente desconocías, inicia ya para que a la vuelta de dos o máximo tres años recojas tu diamante. Luego lo uses de atavío y percibas el orgullo, te sientas más que merecedor afortunado por haber incorporado y puesto en práctica argumentos que simplifican y amplían los paradigmas existentes, dirigidos estos hacia la concreción y el progreso.

¿Te apasiona servir?, ¿desde que sales de casa lo haces, entregando sonrisas a desanimados, indecisos, desamparados o desahuciados?, con este primer aporte ya empiezas atraer abundancia. Este es un hábito del autodidacta. Eres investigador nato, indagas para luego experimentar con prácticas calculadas y con riesgos medibles. Es mucha la información, que requieres de toda la disponible y existente, antes de emitir un juicio e incorporarla en tu maleta de herramientas para uso diario.

¿Me defino como experto empírico?, es correcto; deserté de varias universidades, si cursaste alguna carrera y abandonaste antes de concluir, mi amigo sumamos dos y hasta millones los que seguimos la misión de ser autoinstruidos por siempre. Al igual si te graduaste e iniciaste como autodidacta, entras en el patrón de los hacedores, realizadores de lo imposible, creadores y escultores del gran David por doquier; el genio nos diferencia, la perseverancia del inventor, la obstinación del científico y la responsabilidad por afectar constructivamente, eso nos mantiene vivos y enfocados.

Son portadores, conocedores y desarrolladores de un potencial que arrojará resultados, con la creación de novedosos productos los cuales a la vuelta de la esquina esperan ser ofertados y puestos a disposición de las masas. Somos los indispensables para la sociedad porque estamos aliados con fuerzas espirituales impulsoras, nos revistieron y aprovisionaron de energía para no permitirnos cansar, no negamos la contraparte de la vida la muerte, pero lejos de temerle nos empujamos hacia adelante, porque sabemos qué hacer con el tiempo y lo que experimentaremos en el estado de la presencia física.

Nos mueve la necesidad por dejar legados, más que a la familia, a los amigos y a los conocidos, te exhorto empeñarte afectar a toda la sociedad, a la humanidad. Si tu campo de pasión es el arte, la escultura o la pintura, inicialmente imita a un Botero y luego supéralo; si él trabaja con figuras obesas, hazlo tú con formas esbeltas, excéntricas o irreales; de igual manera en la música, la literatura o la tecnología.

Rompe el molde y ve a interesar a la humanidad, estamos inmersos en un mundo interconectado, lo que crees e inventes lo puedes llevar al mercado en solo minutos a través de un clic, este privilegio en el pasado no existió. Apaña la idea y trabaja en su concreción, los diamantes están ahí irradiando brillo, basta con recogerlos; pero esto cuando sean tuyos, producto de un empeño transformador y enfoque multidimensional, de alcance global y obstinación insaciable. Fracciona los días por vivir en períodos, a cada uno asigna un progreso y luego de pocos lapsos en el transcurrir o envejecer de tu vida, verás que los más valiosos resultados aguardan. Si no has empezado aún, hazlo ahora porque el brillante lo exhibirás cuando te pertenezca.

El espíritu autodidacta te hace sereno, pero sin ausentarse de la persistencia. Vas tras el estado de la sabiduría ya que puedes debatir con cualquier asesor profesional acerca del tema de tu interés, aunque no controlarás sus opiniones porque algunas pueden contener mal intención. Al ser reflexivos se describen por un pensamiento pausado, deben sacar conclusión, para resumir lo obtenido de sus descubrimientos, preponderar y sopesar, el aporte que significa para la continuidad en tu proceso de adquirir datos, textos y números.

Esto porque de antemano puede descalificarte, creyéndose el único portador de la verdad, desconociendo que su interlocutor es un autodidacta avezado, que se ha hecho sabio en tomar lo bueno, que conviene de este intercambio de información y no permite afectarse por la energía contenida de manipulación que a veces resulta, es un multidisciplinario que solo busca un criterio, no lo considera como hecho hasta no haberlo comparado con el obtenido de otras fuentes.

El autodidacta no permite menguar la moral, porque conoce su ventaja eso sí, no restándole respeto a nadie en su trato ni indisposición en cubrir los honorarios acordados con antelación por asesorías. Es un negociador nato, créame, no escapa de regateo porque sabe que la asistencia recibida es indispensable mas no absoluta, tendrá fallas o errores, la opción elegida resultará después de expuesta a mejoras y perfección.

Es lector riguroso, excelente oyente y observador silencioso. En tiempo atrás, hablo de 1993, cuando estaba en desarrollo el internet recuerdo que entre mis textos periódicamente renovaba un diccionario de edición mundial. Lo usaba tanto y llenaba cuadernos con glosario y averiguaciones, que para ese entonces era la forma de actualizar contenido, adquiriendo la edición siguiente cada año ya que venía con mejoras e información nueva.

Actualizarse a través de la lectura y de otros medios es hábito del autodidacta, pero se debe estar atento de lo que se lee, escucha o mira. Las televisoras y sus periodistas, de acuerdo al corte político o parcialidad por parte de sus editores, generalmente tergiversan la información para favorecer a monopolios o gobiernos. Así que no los considera, ni a sus analistas financieros en especial como los poseedores de la información correcta; por ejemplo, aconsejan invertir en determinado renglón de la economía como criptomonedas, ello es lo más escaso de lógica porque cuando más experto te haces en diversas áreas de negocios, más puedes apalancar tu crecimiento. Las incoherencias en que caían algunos medios en comparación con otros portales de noticias se notaban, era visible el manejo, sesgo y la alteración, buscando beneficiar en alguna medida al dueño del oro, al que pone el capital y define las reglas.

Así que no hay mejor aliado que los autores en el área que desees profundizar, comprar un libro físico, descargar un libro electrónico o escuchar un audiolibro; es la mejor inversión en tiempo y dinero que puede hacer un autodidacta, está abasteciendo sus ideas de contenidos, a veces controversiales pero valientes y decididos en la mayoría de los casos, con brillo entre sus páginas. Sí diamantes, con temáticas que al incorporar y hacerlas hábitos transformarán tu vida en todas sus aristas: laboral, económica, de relaciones interpersonales, salud y bienestar, entre otras.

Ellos poseen la verdad y se atreven a publicarla, porque lo trasmitido en algunos programas de televisión y contenido en redes sociales ciertas veces es vacío, vago y trivial; salvo plataformas como YouTube y sus tutoriales merecen ser mencionados con admiración, porque son punta de lanza para prospectos motivadores y emprendedores.

El aprender es además una destreza, donde luego de comparar y discernir se concluye, ¿cuál es la mejor manera de poner a prueba o practicar un conocimiento?, aportado por la sinopsis recopilada de las fuentes, algunas emanadas de técnicos, otras de profesionales en la materia, todos conocedores y expertos. Para nosotros lo experimentado es aprendido fuera de los institutos de educación formal, centros de ciencia o laboratorios de prueba, es conocimiento adquirido libre y espontáneamente. Hay un complemento en los videos formativos, ellos mejoran tu memoria, amplían tu vocabulario, aceptan modismos de otros países por lo que enriquecen tú dicción, contienen un extra de inevitable importancia e incuestionable optimismo.

Conecta con los demás individuos, grupos o colectivos. Hay plataformas digitales, foros que permiten interactuar e intercambiar opiniones; hacer juicios individuales que darán importancia al avance, en distinguir y diferenciar la mejor opción. Si hay error corregirlo ya que generalmente a estos eventos seminarios online, se suscriben y participan personas de diferentes etnias, otras costumbres y con percepciones diversas respecto de cuál es la manera más eficiente de encarar una realidad; dando un plus en mejorar los métodos para emitir opiniones y cuestionamientos. Es de infinita utilidad desde, el autoaprendizaje de aplicaciones online, hasta enseñanza de algunos temas de educación universitaria, todo en la red.

Son apuntadores, hacen esquemas, dibujos, acuden a procedimiento para recordar y diferenciar contenidos. Algunos internautas poseen su página web, un blog, no se limitan a libros en físico puesto que recurren a herramientas digitales, además son asiduos a EBOOK y están suscritos a artículos de información renovada. Disfrutan de la experiencia, les da notoriedad, su crecimiento está por encima de la media porque el autodidacta es emprendedor por naturaleza, así que es propio de él tomar riesgos y aceptar desafíos. Inicia proyectos que a la larga dejará al descubierto su certera proyección, este acompañado del talento del profesionista, nutrido formalmente y encauzado por los centros de desarrollo intelectual, llámese academias, institutos o universidades.

CUALIDADES DEL AUTODIDACTA

El autoinstruido es un estudioso intuitivo, aleccionado, se construye a sí mismo. La palabra autodidacta resulta una palabra compuesta que tiene su origen en el griego, formada de *auto* que significa por sí mismo y *didaktos* que traduce instruido, de tal manera que autodidacta es una persona que ha aprendido sin la ayuda de profesores. Se trata de un voraz devorador de conocimiento, multifacético, apalancado por el amor al conocimiento disponible para incorporar en su archivo de logros y experticias adquiridas. No se da por vencido, toma recesos por períodos cortos o largos, pero no abandona, ya que retoma el aprendizaje cuando el momento y la ocasión lo ameritan, más que por urgencia es por la importancia del mismo.

El autodidacta es hábil aprendiendo sea de manera visual, auditivo o cenestésico, tiende a preferir alguna de las tres o varias de ellas, quizás como yo, uso todas las maneras dispuestas para adquirir conocimiento, cuando se suman aumenta exponencialmente el cúmulo de posibilidades; bien a través de la lectura de libros, visualizando videos, asistiendo a seminarios y practicando lo teorizado en el mundo real, en el campo de acción/reacción; beneficio/pérdida; gozo/dolor; o acierto/error. Esta es la gran diferencia, el autodidacta aprende para dar paso a lo tangible, le presta poca importancia a la aprobación pública acerca de su idoneidad y se lanza sin pensar mucho, prueba lo incorporado, en el mundo de la transición de los sueños a lo concreto.

El autodidacta generalmente es humilde, no hace alarde de su saber; así, que es parte de su aptitud demostrar con hechos, con logros y resultados, el fruto de esfuerzos superiores, sacrificios enfocados y organizados milimétricamente; todo en aras de obtener la excelencia, de ser un competidor astuto y virtuoso en el campo de su control y dominio. El autoeducado es sincero y prudente, con timidez, pero seguro de estar en lo cierto y moverse en los espacios correctos que por experiencia conoce a profundidad. Es portador de habilidades, las cuales le permite iniciarse en el auto aprendizaje posesionándose de este, con capacidad para continuar sin abandonar de manera cada vez más eficaz; refina sus métodos con la autonomía peculiar que lo caracteriza, dispuesto a conquistar sus objetivos y cubrir sus necesidades.

Un exitoso sabe que antes de adentrarse en un territorio nuevo e inexplorado debe tomar en cuenta todas las consideraciones de rigor, estar enterado de la capacitación o estudio a realizar antes de incursionar en esa área por primera vez, la misma al principio resultará confusa por ser desconocida para él. No se limita y agota todos los recursos intelectuales necesarios en el momento de consumir información sobre un tema más aún si se trata de algo desconocido, lee, consulta; cual esponja absorbe todo lo nuevo, paso a seguir se asesora para confrontar diversos puntos de vista.

¿Cómo interiorizar lo memorizado?, una manera sabia de aprender a través de la lectura y lo trasmito a mi hijo de doce años muy a menudo; esta es subrayar cualquier párrafo o contenido que le llame la atención, al concluir el libro empieza, relee, analiza y reflexiona sobre cada contenido remarcado, lo incorporas en el subconsciente como objeto en casillero, para posteriormente llevarlo a la práctica. Le digo, —un texto que no rayes, resaltes o no agregues apéndices es como un libro no leído—.

Es cuidadoso, cauteloso, al momento de elegir y decidir, en pro o contra de un tema en debate. Valora el tiempo ajeno tanto como el suyo, brinda el mismo respeto que merece, aun cuando al presentarse no todos lo hacen con títulos como Licenciado o Doctor. Definitivamente su nombre es una marca que representa progreso y éxito. Prevé donde se puede caer en falencias, no escatima en preguntar ni asistirse por expertos en el tema; no es irreverente frente a ningún asesor, tan solo es prudente al consultar los costos de honorarios antes de solicitar ayuda; está seguro de reducir gastos en la medida de lo posible y confía en hechos ejemplares, más que en sugerencias o comentarios.

El autodidacta es de confiar, él está convencido que todo esfuerzo dará frutos, direccionados por un enfoque preciso y efectivo. Es dedicado, no teme confrontar en temas tabú que darán un plus en su carrera de ser discernidor de conocimiento valioso, para ponerlo al servicio del otro; por haberlo obtenido sin la intermediación de un ente académico formal, no vacila en colocarlo a la disposición de los demás de manera gratuita. Es parte de su aporte contribuir a apalancar con su ejemplo a los demás, a brindarles incentivo y alentarlos a no quedarse rezagados o excluidos por no poder acceder a una educación reglada.

Logra sus sueños quién trabaja, construye y finaliza, jamás será impedimento la falta de un título universitario. Nunca, en ninguna entidad bancaria te preguntarán si fuiste el mejor en biología o literatura para otorgarte un crédito, primordialmente les interesa conocer como ha sido tu comportamiento presente en tu historial crediticio, si cumpliste con prontitud los compromisos no habrá impedimento para seguir disfrutando de financiamiento futuro.

El autodidacta sabe escuchar, entiende que en las opiniones se ocultan muchas respuestas que no conseguiría de otra manera; es sigiloso para acomodarse en grupos de manera discreta y definitivamente llevarse consigo todos los contenidos posibles y aprovechables, no titubea en pagar por la experiencia que aportan otros ya que eliminan errores en su presente inmediato.

En mi experiencia en finanzas, mercadeo y bienes raíces, es tan clara la obtención de beneficios que es cuestión de pautar en el tiempo y de inmediato los objetivos se logran, con dominio por el entorno me muevo y casi percibo que controlo los resultados. Es como nadar en agua de manantial, todo es claro, las herramientas, los plazos, absolutamente todo rinde frutos y genera consecuencias positivas. ¿Por qué?, porque soy un autodidacta entrenado, mi cerebro, aunque no fue calificado por terceros es poseedor de conocimiento valioso y eficaz.

Ante todo, garantiza una actitud de gratitud, amabilidad y entereza, conozco muchas disciplinas, domino parte de ellas y no tengo orgullo que me distancie de los demás, porque me acerco con gran naturalidad. Nunca tengo excusas en mi boca como: "me quemé las pestañas estudiando para luego regalar mi trabajo", esa proclama no existe; soy asiduo en ayudar, servir y compartir, regularmente tan solo me basta con la gratitud recibida por el servicio prestado.

No me siento limitado a un área específica de conocimiento, entendiendo que no moriré dedicado solo a ella, como les sucede a muchas personas que solo se especializaron en una profesión y quedaron atados de la misma, cayeron en la trampa tendida por el sistema y la sociedad. Hay casos cuando diversificar resulta idóneo para todos llámese técnico y profesional, sea médico, ingeniero o diseñador.

Todos deben saber entender como mercadear en cualquier área de prestación de servicios o ventas y un hobby muy personal, los bienes raíces. No está para nada mal porque todos alguna vez alquilaremos o compraremos un inmueble con o sin garantía, quizás necesitemos financiar un emprendimiento, preferiblemente sin necesidad de hipotecar tu casa. Si tenemos dominio sobre el tema puede resultar el mejor negocio de tu vida o de lo contrario estarás empeñando tu futuro, todo lo define la información que manejas sobre una temática y no del asesor que elijas para enfrentar un acuerdo.

Definitivamente un vendedor, si es el dueño de una franquicia quien lidera un negocio inmobiliario, seguro te dará los mejores consejos; pero regularmente estos trabajan por un porcentaje y comisión. Te ofrecerán la propiedad que más le convenga a la empresa o al banco, desprendidamente solo les interesa cerrar el trato, no indagan acerca de tus posibilidades posteriores para cumplir con los plazos y compromisos; son de sensibilidad escasa y poco empáticos. Recurrentemente se muestran como muy ocupados y solicitados (sabiondos), disminuyendo de antemano el poder de decisión que posees como comprador y adquiriente de una responsabilidad. Hay mucha tela que cortar en un abanico de propuestas.

El autodidacta tiene capacidad de empatía y son realistas, expanden sus horizontes, desarrollan competencias diferentes a la de su carrera o habilidad formal adquirida. Planean, respecto a la motivación necesaria que los guiará hasta el final para cumplir con los objetivos propuestos. Son vendedores natos, de servicios y productos, consultores que se mueven en el mundo online como pez en el agua; comienzan como vendedor de mostrador, puerta a puerta, luego conectan y envían productos a las bodegas de Amazon, o a los usuarios de Mercado Libre, además de todas las cadenas de suministro, entre otras.

Define tus horarios, agenda citas y programa todas las actividades cotidianas, procura no condicionar a tus interlocutores. Da gran valor al tiempo sabiendo que después de Dios y tu familia, es el bien más preciado; porque deduces, que este periodo de duración física da razón y sentido a la vida. Solo al que murió se le negó más oportunidades, así que lo entiendes y estás comprometido, por ello has de administrar con detalle y observar con lupa un bien tan preciado como lo es el tiempo. Tiempo equivale a vida y vida equivale a tiempo, por consiguiente, si el tiempo es oro entonces concluyamos que el oro es vida y la vida vale oro. Gran analogía la que resulta de la sumatoria de las agujas del reloj sin detenerse y un metal precioso; como vez el diamante brilla frente a tus ojos, es cuestión de atisbar conveniencias para el día de hoy y así por los siguientes.

El autodidacta es asertivo, leal y multifacético, siendo una de sus cualidades más visibles el buen humor y la curiosidad que muestra por saber, allí cobra sentido la expresión, "un día sin aprender es una jornada desaprovechada". El autodidacta al emprender, acude a asesores y asistentes, contrata empleados con mayor conocimiento y capacidad que él; estos le darán un extra y seguidamente le dejarán experiencias nuevas para utilizar cuando no estén.

Comprende que el paso de las personas al ocupar un puesto de trabajo será transitorio, pero el conocimiento se puede absorber en cada instante de interacción humana; es una gran ventaja que logra el empático, ya que permite apertura a la contraparte más que en su esencia humana, cognitiva para aprender de él todo lo que sumará para su desarrollo; presto y dispuesto devolverá y retribuirá lo recibido en modo de bienestar, sea con una contraprestación o en forma de bendiciones acumuladas. El aprendiz solicitante de asesoría, evaluará las recomendaciones según sus objetivos, ya aprobadas pasará a la ejecución la cual rendirá dividendos. Por su constancia, sedientos de información creíble y de aplicación efectiva ¡serán triunfadores! "Su consejero no califica al principiante en el mundo real de los negocios".

El autodidacta jamás permitirá que un talentoso titulado mine sus sueños con cargas negativas como cinismo y pesimismo. Más de un cantautor alguna vez lidio con un maestro quien le dijera que no tenía oído musical. De seguro algún bailarín profesional el tutor le señaló que tenía dos pies izquierdos. No es nuevo y tampoco dejará de serlo, muchos educadores recelan que aquél dicho se les cumpla, donde "el novato supera al maestro". Se envuelven en un debate de egos en el cual mueren las esperanzas de muchos estudiantes; ignoran la máxima que reza, "el que más sabe habla bajo y el que tiene es quien menos lo demuestra".

Es de deducción básica, ya que los grandes y mayores capitalistas, líderes y titanes de los negocios, en ninguna ocasión desperdiciarán su tiempo dedicándolo a cincuenta estudiantes, cuando a través de una obra literaria o entrevista televisiva pueden educar a millones y lucrarse exponencialmente. De la universidad el autodidacta comprende que no todas las materias le serán de utilidad en la práctica, por ello es un discernidor profesional y maximiza el uso que da a su tiempo, solo incorpora contenido que aporte valor y no reste energía. Compiten en igualdad porque son tan comprometidos como quienes acudieron a la formación reglada.

Miden cuanto han avanzado frente al mundo real porque se trazan metas ambiciosas fijadas a largo plazo. No hay mayor motivación que tener una agenda ocupada por los próximos diez años, así lo veo, lo entiendo y practico. Hace poco menos de un año de mi reciente programación y enfoque, intercambio espacios de tiempo entre actividades, pero a todas les dedico su porción contemplada en la síntesis de mi plan proyectado para la década que transcurre.

Yo leo por amor y necesidad de adquirir nuevas herramientas, no para acertar y esperar una calificación, resumo esto y lo comparto con ustedes: hay textos que se imparten en educación universitaria y ya mi hijo de doce años los ha incorporado en su biblioteca mental. Lo hace porque le trasmito pasión por el conocimiento enriquecedor, no para agradar a un profesor ni para obtener su aprobación. Le inculco que cumpla con sus deberes escolares con respeto por sus maestros, pero tiene bien claro que son la lectura inteligente y el ser multidisciplinario, quienes "lo encaminarán hacia una vida de propósitos definidos y de realización plena".

Los titulados del sistema regularmente te educan para que completes información en un currículum, luego lo coloques bajo el brazo y te lances en búsqueda de empleo. Jamás te enseñaran a ser un líder, empresario y capitalista exitoso, porque ellos tienen conocimiento, pero solo en potencia. Tú ese aprendizaje potencial lo llevas al mundo real, no temes al riesgo ni a los cambios. Un salario es percibido de manera temporal para después convertirte en generador de puestos de trabajo, donde educarás y direccionarás a seres humanos hacia la libertad plena y verdadera.

El autodidacta puede renegar de la educación reglada o la sabe aceptar con sus diferencias y defectos. Debe educarse por juicios y de algunos docentes viciados, por suerte son pocos los que no practican lo que predican. Un catedrático Decano de Administración de Empresas poseía una bodega en casa, yo en cambio junto a mi familia seis locales de expendio de prendas de vestir, con ventas en gran parte al por mayor.

En una clase el profe, así le llamaré, daba un ejemplo básico de oferta y demanda en que un chico fue a la bodega de su vecino y luego a la suya, le preguntó el precio de unos caramelos y al responder a la inquietud el cliente le dijo que al frente estaban más baratos, entonces el profesor le bajó el precio de aquel producto cuyo comprador adquirió. Yo en mis adentros me preguntaba, ¿qué estoy aprendiendo aquí? Este tiempo invertido en una hora de clase lo estoy perdiendo, no busco que me capaciten para luego con un título solicitar empleo, fue una de las primeras desmotivaciones que dieron argumentos a mi decisión de convertirme en autodidacta. Él era un profesional comprometido a quien recuerdo con gratitud.

Para el autodidacta el terreno del conocimiento es ilimitado, no hay fronteras para la información, solo las fijas tú en la medida que desees ir a profundidad de un tema. Este es un privilegio de la mente autónoma y es la cualidad más preciada, el poder de elegir: ¿qué quiere aprender?, ¿para qué dedicar ese conocimiento? y ¿es con destino lucrativo o no? El científico acude a la autoformación, inicialmente se graduó en una carrera de medicina, se especializó y enseguida a innovar a partir de ensayos y prácticas. Igual el ingeniero obtuvo su título de la educación reglada, para luego con la pericia y su interfaz autosuficiente, ir tras inventos y descubrimientos, que cambian el mundo y la percepción del mismo.

IMPORTANCIA DE SER AUTODIDACTA

La disciplina por el aprendizaje continuo, es materia a la que el autodidacta brinda gran importancia. El carácter informal como adquiere todo tipo de elementos informativos y originados de una variedad de fuentes quedando disponibles para su uso, a través de documentales, informes especializados, entrevistas reveladoras, publicaciones científicas, boletines emanados de encuestas reales o estadísticas puntuales acerca de una temática. No le asiste compromiso alguno por presentar pruebas o exámenes a un tutor, ni es menester sacar buenas calificaciones para que le validen lo aprendido como de valor y aprovechamiento social, ¡que antítesis más cuestionable!

En mi desempeño como emprendedor de negocios en una ocasión despedí a un Contador egresado de una universidad presencial, la cual estaba entre las tres más acreditadas a nivel nacional, lo he sustituido por una profesional en su misma área, con un título obtenido a través de la enseñanza a distancia. No marca ninguna diferencia que te hayas titulado de la más prestigiosa institución educativa universitaria, si no tienes como perspectiva ser competitivo, tu motivo justo y la dedicación creciente. Mientras el autodidacta le suma valor a su esfuerzo, ya que su sed por aprender es un compromiso personal el cual le da notoria importancia a la capacidad que adquiere, para moverse y adelantar a quienes reposan porque están cansados de remar.

Hace pocas semanas oí de mi hijo mayor una frase, ante una diferencia y rivalidad con un compañero de estudio, le hizo crear un eslogan muy proactivo y de aplicación universal, dice: "Sebastián siempre va dos pasos por delante". El emprendimiento le es cada vez más cercano, porque su nicho de prueba está en el fogueo del mundo empresarial, no en la teoría para agradar a un maestro, en vez de notas o calificación obtiene beneficios económicos que de a poco lo impulsan a otros niveles cada vez más elevados en su camino hacia la cima, esta experiencia no caduca.

Ser autodidacta es una forma de vida, un estilo, un lente muy diferente para ver las cosas y opinar sobre las realidades. El solicitar un empleo es una de sus pocas opciones, en ocasiones se embulle en una plaza laboral pero estadísticamente lo hace como plataforma para apoyar un emprendimiento, que más tarde le hará reducir su jornada laboral a medio tiempo, para a futuro abandonar por completo cuando su propuesta económica este orientada y generando réditos.

No piensa como el común de las masas, al que amable y respetuosamente me dirijo; quien solo toma un empleo como fuente económica para cubrir sus deudas de consumo y piensa en la posibilidad de perpetuarse en ese puesto, para cobrar un sueldo, pagar compromisos, adquirir lo necesario para el sustento... y nuevamente sin dinero; seguir trabajando de forma indefinida conservando el mismo patrón de gastos.

Hay que atreverse a romper el molde de las ideas y pensamientos imperfectos, recibidos como legado de nuestros padres o aprendidos de la sociedad. Necesario es cambiar los conceptos financieros, de mercadeo y psicológicos, que rigen nuestro carácter y conducta referente a todo lo relacionado con el dinero. No obstante, me refiero al recurso económico como herramienta de estabilidad y desarrollo, mas no como promotor de egos, de conductas inmoderadas y de actitudes desenfrenadas o derrochadoras.

Al autodidacta se le dificulta aceptar juicios ajenos, al contrario, creamos nuestro propio método para en lugar de calificar y medir el nivel de perfección, se valora el esfuerzo de cuan cerca estamos de la excelencia sin cuestionamientos. Se simplifica al seguir órdenes porque conocemos procesos más eficaces por tanto somos inconformes, disentimos de algunas costumbres socialmente aceptadas por nuestra peculiar percepción hacia el crecimiento.

Aparte de los canales regulares que imparten educación formal y se posicionan socialmente como el único método para adquirir conocimiento especializado e innovador, el autodidacta trabaja en complementariedad, definiendo metas propias y canalizando, zanjando la ruta y abriendo camino para llegar y superar. Nos impulsamos con el cinismo, negatividad, pesimismo y crítica, que en algún momento recibimos de un maestro; ellas son el combustible que usamos para direccionarnos hacia nuevos proyectos y su ejecución. Enfatizo, por fortuna esta conducta es propia de muy pocos profesores universitarios y tutores, la mayoría son ejemplares.

Hay valiosos seres humanos de pie frente a grupos de estudiantes, que son merecedores de todo el reconocimiento y respeto, estoy seguro que tú también los atesoras en espacios privilegiados del corazón. Anhelamos que todos tuvieran un carisma arrollador, una entrega absoluta por aportar sin mezquindad, de apoyar y empatizar en las aulas; desafortunadamente también debemos coexistir con las falencias del sistema.

De todos modos, para los grandes y más que talentosos, extraordinarios seres humanos destacados mis más grandes felicitaciones, un aplauso a su mérito muy bien forjado. Gracias infinitas por marcar la diferencia entre los que enseñan como autómatas por una paga y los grandes virtuosos con pasión que educan con amor y vocación por el servicio. Sé que hay millones de ustedes a los cuales les llegó al pensamiento el nombre o rostro de algunos de ellos, quienes en algún momento del transcurrir por la vida fueron sus maestros y sonrojaron porque está su impronta imborrable en su memoria.

El valor que añade al autodidacta, el carisma, la claridad de pensamiento porque accionan en un mercado de tiburones, sedientos y hambrientos por una porción del mercado. Al igual que ellos, los egresados de la educación formal se lanzan al estanque para lograr la mayor tajada perfectamente alcanzable en función de sus competencias. El aval del autoeducado son los resultados obtenidos durante el proceso, regularmente son emprendedores y empresarios millonarios. Conozco a un químico que luego de graduarse y analizar la realidad económica que devengaría de su profesión, dio un viraje y se convirtió en desarrollador inmobiliario, posteriormente de asistir a seminarios y asociarse con un arquitecto, su interés autodidacta le permitió escalar a pasos agigantados, éxito que nunca hubiera logrado ejerciendo su profesión.

Millones también estarán de acuerdo o se identificarán con esta misma analogía. El saber haciendo les brinda un impulso, resolviendo y dando enormes saltos sin restricciones; es fácil, con el conocimiento aprendido este se implementa de inmediato, empezando por un comercio al por menor o desarrollando productos que entrarán en cadena productiva.

Los formales luego se liberarán al salir victoriosos y motivados del sistema educativo, para reconocer que intelectualmente permanecerán cohibidos, de manos atadas y sin libre iniciativa aparte de su campo de experticia; ese yugo lo rompen, esa barrera la derriban, porque determinados por la necesidad de progresar encuentran empuje en el estilo de vida autodidacta. El autoinstruido se posiciona en un lugar de privilegio por la simple razón de no ser titulado o catalogado con una denominación profesional del sistema. La importancia radica en que le permite expandirse con toda humildad fuera de su rango de acción y optar por conocimiento liberador y universal.

Su posición como conocedor empírico le permite responder a superiores, llámese docentes ya que estos imponen su método y disciplina, quienes a veces llegan a menguar el apetito intelectual del autodidacta. El tiempo dedicado en la educación formal no niega un posible avance en otra disciplina a elegir e incorporar a través de su fase autónoma, aun cuando el único e inmediato objetivo es la obtención de un certificado, que avala el haber cumplido con una serie de requisitos y aprobado una variedad de materias. A partir de esa graduación le concederán el título de profesional, con el cual podrá capotear las realidades financieras venideras, pero saldrá potenciado y aventajado en relación con quien no se diversificó fuera del conocimiento reglado.

Resulta relevante comprender que el autodidacta no rivaliza con el educador, perfila si es un ejemplo a seguir siempre y cuando no disminuya las expectativas a veces con actitudes desfavorables, comentarios mordaces y derrotistas; aun cuando pertenezca al sistema formal debes debatir, disentir y cuestionar en contra de una tesis y práctica, mientras lo consideres pertinente.

He corregido a una profesora universitaria, también entregado un examen simplificando el resultado al máximo y modificado notas; ellos no son poseedores de conocimiento absoluto y supremo, son falibles y superables. Son muy usados los métodos audibles como complemento a la lectura, su repetición y apuntes brindan aprovechamiento inmediato; aparte si participas y expones ante un foro de debate, te retroalimentas y obtienes grandes resultados, esta información queda capturada de manera perenne y no perecedera.

Tema de trascendental importancia en el autodidacta, es su deseo inherente de aprender e innovar, sin atender a exigencias asignadas. Comparto con mis apreciados lectores una experiencia acontecida en 1991, mientras cursaba la carrera de Contaduría en una Universidad privada cuyo nombre omito. Mi plan para ese entonces era adquirir conocimiento que me hiciera más sagaz, diera un agregado a mis capacidades y proporcionara herramientas que proyectaran un avance tanto intelectual como económico con lo aprendido.

Contradicción total, unos docentes con peculiaridades de las cuales narro una a continuación; un doctor en Economía que asistía a dictar clase, en una prueba dictaminó orden exacto y estricto como se debía responder el cuestionario pero al pasar por mi mesa observó que yo descuide su advertencia; respondí basado en el principio de descarte, o sea, di prioridad y resolví la que dominaba para dejar de última las preguntas cuya solución ameritaba más tiempo de reflexión y, por asociación obtener la contestación correcta luego del análisis; para sorpresa mía el profesor cual enojado tutor me arrebato la hoja y gritó que daba por anulado mí examen y la nota sería cero.

Repudio y no acepto enfado e intimidación de absolutamente nadie por estar en posición aventajada ni en ninguna otra, procedí, me levanté sin responder una sola palabra y carrera abandonada. ¿Qué voy a aprender de un maestro que no sabe administrar sus emociones? Pues a ser igual y permítanme manifestar, aunque algunos estudiantes no aprueban mi actitud, porque soy firme en cuando a lo ético y moral. Para ese entonces nosotros teníamos cinco tiendas de ventas de prendas de vestir, un compañero muy adinerado poseía una cadena de más de diez comercios. Conclusión mi amigo, desertó luego de mi persona. Él es un excelente catedrático, pero no comparto su forma de dirimir diferencias.

Actualizarse es relevante. En la educación formal el error es castigado, mientras en la selva competitiva que es el espacio real, en una superficie de producción, servicios o ventas, el fallar es un síntoma de que estas cada vez más cerca de la verdad y lograrlo, de descubrir la forma correcta, posteriormente libre de falencias, la persona merece apoyo, acompañamiento y respeto, en lugar de desaprobación.

El autodidacta muestra valentía, es un individuo sincero, auto motivado, libre de aprender a su ritmo en el espacio que elija, constante, no le teme a medirse en temas como el marketing, la publicidad, la informática, la experticia en redes, los negocios y cualquier área que le brindará un complemento. Toda esta variedad de elementos será fortaleza cuando se trate de enfrentar crisis, tomando de estos la filosofía básica que "a cada dificulta se le encuentra una oportunidad en camino"; esto porque está provisto, no es pusilánime, las malas experiencias las revierte de inmediato y saca provecho de ellas.

No aloja vestigios de temor sabiendo que perdiendo también se gana, el que ríe de último ríe mejor y tanto vencedor como vencido obtienen el mismo respeto. El hecho de tener falencias en un área determinada y no contar con las herramientas idóneas para enfrentar esa situación, no lo hace merecedor de perder la moral, de ser una persona digna y acreedora de nuevas oportunidades. Ni a ti como triunfador al superar una crisis, inteligente, hábilmente; no te da privilegios sobre los otros humanos que no lo logran. No es de olvidar refranes populares "la tierra da vueltas", "el mundo es chico" y "arrieros somos y caminando andamos". Esto reafirma que no todo el tiempo, la cima nos pertenece.

Hay carreras o profesiones donde el autodidacta se hace posterior a cumplir con un régimen de educación formal, científica, por ejemplo: Medicina y otras áreas de las Ciencias de la Salud; Ingeniería y áreas de aptitud Matemática; Diseño y Arquitectura, propias del talento espacial; el universo de la Música y las Artes entre otras disciplinas. El saber autodidacta queda postergado en ellos, solo cuando se dedican a la indagación científica, la experimentación de nuevos inventos; a través del más antiguo método basado en el acierto o error, resultando en el desarrollo de nuevas tecnologías y prototipos, arrancando desde los principios elementales y continuando con las semejanzas; estas requieren, necesitan de pruebas rigurosas, numerosas, constantes, de tiempos extensos y sacrificios evidentes.

Me quito el sombrero ante los autodidactas del saber creativo y científico, gracias por sus aportes a la ciencia, las artes y todo donde la inspiración del ser humano resultó en una mejora trascendente, para que la vida en el planeta sea más agradable y anime a cumplir cualquier propósito.

6

LAS MOTIVACIONES

EN LA FAMILIA

La atención a necesidades básicas genera las motivaciones primarias y esenciales, como lo son una vida con suministro garantizado de una vivienda, alimentos, vestido, educación, transporte, servicios básicos complementarios y un entorno de apoyo familiar o sustituto. Un hogar provisto por un líder bien enfocado, genera una atmósfera armónica para con su cónyuge e hijos. Dedicando tiempo de calidad distribuido entre el esparcimiento y la recreación; con complementariedad de actividades como deportes y labor social; de esta manera salir de la zona de confort y compartir experiencias de familias o personas menos favorecidas, para insertar valores de hermandad, concordia, empatía, sensibilidad, humanidad y solidaridad.

La familia aporta mucho al asistir e involucrarse como un todo, con visitas regulares a la Iglesia; congeniar con el amor y el dolor, con la alegría y la tristeza. Estas experiencias aportan mucho a su sistema de valores, de aquí proviene una mente motivada, un cuerpo sano ejercitado con regularidad; donde los padres son ejemplo a seguir por sus hijos quienes imitarán estos hábitos, para hacerlos parte intrínseca desde sus primeros años de vida. Estas escenas familiares imprimen una serie de principios, iniciados por un padre y una madre responsables, ellos están registrando en sus chicos un conjunto de conductas que generará a futuro los mejores resultados posibles. Uno de los ejercicios que desarrollo con mis hijos con gran regularidad y va respaldado por un amplio conocimiento en muy diversos temas es el derribo de tabús, los protejo del campo minado que pueda afectar en cualquier momento la estabilidad o integridad de nuestros retoños.

Me ocupo de ofrecerles herramientas de manera anticipada, para que entiendan con claridad absoluta todo el contexto que rodea una creencia o tema controversial. Por ejemplo, les hablo temprana y prevenidamente de las consecuencias del uso de las drogas, el consumo de alcohol, el tabaco, la comida excesiva, la apariencia descuidada y las amistades toxicas, de la diversidad de orientaciones sexuales, del por qué se originan y frente a la cual se debe tomar la postura social más efectiva llamada tolerancia, igual lo hago con los gérmenes del racismo y la xenofobia.

Como padres comprometidos debemos brindarles toda la información con antelación, no por la preocupación de que inicien tempranamente en alguna práctica perjudicial, sino para proveerlos de una serie de respuestas basadas en la compresión y el entendimiento, para que cuando asome una posible tentación de inmediato puedan reconocerla, accionen rápido y correctamente, contestando con un rechazo contundente y espontáneo, no dando espacio a las dudas. Sabiendo que usarán manipulación, apelativos como tonto, merecedor de pocos amigos, pero de nada les servirá porque ya tus papás lo advirtieron; se procura evitar la precocidad en los hijos adolescentes, aportando conocimiento suficiente para que tomen las mejores decisiones, conozcan cuál es el trasfondo de sus recomendaciones y si las trasgredes vendrán consecuencias a pasar factura a corto, mediano o largo plazo.

El buen ejemplo es el engranaje que mueve hacia adelante a tus hijos, con una motivación basada en seguridad, estabilidad emocional, comunicación permanente, respuestas a preguntas, soluciones y apoyo irrestricto a problemas recurrentes. Esta es la estructura motivacional que dejará una estela de actitudes positivas, por donde querrán seguir los tuyos. No puedes presumir de sobriedad si llegas ebrio, menos hablar de paz si gritas o maltratas a tu esposa. Construyes cimientos con cada acción, que en la resolución de conflictos serás modelo a seguir; donde una mala palabra se contrarresta y opaca con un llamado de atención y no con otro término más agraviante.

A los miembros del seno familiar trátalos con la inclusión y fraternidad imprescindibles. Abraza a tu pareja, dale un beso y dile te amo; estrecha lazos con tus hijos sean niños, adolescentes o ya adultos. Practicar deportes y divertirse en familia, esto da un añadido en la formación de futuros líderes, estructurados por progenitores dedicados y libres de vicios.

Cuento un breve relato de una teoría puesta en práctica y es fundamento para lograr una estabilidad psicológica y emocional, para sumar motivación en todo nuestro entorno, particularmente en casa. Junto a mi esposa decidimos la negación de dos palabras no mencionables, como herramientas poco usadas e innecesarias, aun cuando la situación apremie y corresponda usarlas, ellas son los vocablos, ¡depresión y desesperanza! El primer término lo sustituyo por cansancio o fatiga mental, que requiere aquietamiento y relajación, cuestión que generalmente funciona; y la segunda la reemplazo con mucha audacia, por comunicación orientada en la cual hacemos catarsis entre todos, exteriorizando lo bueno y lo no tanto, esto cuanto afectan las dificultades a cualquier miembro del hogar.

Debemos estar motivados para ejecutar una acción si creemos que conviene hacerlo, cuando nuestro discernimiento mental da el ok referente a atravesar el filtro moral que todos manejamos; caso contrario si hay desmotivación, se puede incurrir en debilidad o decaimiento de voluntad, donde nuestros juicios dudan o discrepan de lo que será correcto hacer. Recuerdo en una ocasión prestar un libro en el cual presentan un conjunto de herramientas, que ayudan a adolescentes en etapa de pubertad para consolidarse con decisiones inteligentes y sabias. Allí se tratan todos los temas que afecta a jóvenes en edades comprendidas entre los 11 a 18 años y que como padres carecemos de información y entre otros asuntos, complementa sobre todo lo referente a la administración consciente de la vida reproductiva, separada de la satisfacción sexual.

Este texto lo presté a un amigo, para que lo facilitara a su hija quien cruzaba la etapa de adolescencia, lo leyera y sacara provecho; para mi sorpresa a los pocos meses me enteré que la chica estaba embarazada. Resulta a veces imposible predecir o procurar el futuro del otro, en especial cuando su aprendizaje es kinestésico. En esa persona no hay forma de comprensión distinta a la práctica ya que las emociones son agente rector de su comportamiento, siendo así el cerebro queda desconectado, libre de responsabilidad y control sobre las consecuencias. Todos estos elementos anteriormente ilustrados son el andamio que sostiene la estructura motivacional en un grupo de personas, cada uno miembro activo de un entorno doméstico y social.

La violencia jamás es herramienta a usar en medio de dificultades. Por estos días di a mi hijo de doce años tres libros de crecimiento y desarrollo para chicos, de ellos hemos extraído contenido útil para nuestra retroalimentación, avisté errores que a veces cometemos como padres al criticar y comparar cuando no cumplen con sus deberes. Fue un llamado para mí y a la vez un compromiso para él, trazamos una nueva ruta de entendimiento diferente de esos dos elementos nocivos, le insté a responsabilizarse y cumplir con sus obligaciones.

Creamos una relación más constructiva y con todas las aristas desarrolladoras de jóvenes independientes, con voz, voto y libertad de elección. Es importante descubrir lo turbio entre lo claro, para detectar la señal de peligro cuando haya la primera muestra que ello se avecina. Motivar a nuestros críos es tarea propia de nosotros como sus tutores. Ellos son la mejor y mayor inversión, el tiempo que les dediquemos lo veremos retribuido cuando en la adultez sean líderes con hogares sensatamente estructurados y exitosos, en un entorno laboral, comunitario y social equilibrado. Ello deriva del trabajo que realizamos para cuando son muchachos y esta la razón que nos convoca en este espacio del texto. A todos nos corresponde concluir el ciclo al cual estamos llamados, "que sean los hijos quienes sepulten a sus padres".

La dedicación, la comprensión, la comunicación, la sinergia y el equilibrio, aun cuando no se puedan atender todas las necesidades con las posibilidades disponibles, el educarlos en la humildad, el respeto, la empatía y el trabajo; comprendo que no es garantía, pero si aumenta las posibilidades exponencialmente de contribuir con seres humanos que brinden aportes a la sociedad. Los hijos ya grandes se marcharán, continuarán con su período vital, ya para entonces como padres nos prepararemos para una vejez y ancianidad repleta de proyectos y tareas propias de cada tiempo de crecimiento, conciencia y madurez; no determinada por la edad, ni las fuerzas. Si existe capacidad mental, ningún sueño resulta tardío para realizarse.

VIDA LABORAL

Hay normas y compromisos que corresponde utilizar al empleador para que sus trabajadores estén motivados. Es necesario un buen trato, un ambiente laboral armónico, buena y justa retribución, jornadas equilibradas, los elementos y condiciones indispensables para cumplir con sus obligaciones, basado en un sistema de estímulos y privilegios, no encontrados en otros ambientes. Los incentivos en el trabajo figuran como un papel preponderante, la posibilidad de ascender, adquirir nuevas competencias y mejorar su eficiencia, siempre con nuevos retos y desafíos. Siguiendo a líderes ultra motivados, que cuidan y supervisan su empresa como cuando tienen a su primer hijo, bebé en brazos, con delicadeza, pero con la determinación de trabajar duro para obtener resultados a largo plazo.

Una cultura corporativa proclive animar los comportamientos de solidaridad, promover la cooperación por encima del individualismo, con premios y bonos, con reconocimientos privados y públicos, para que esa persona con intelecto, espíritu y emociones, luego de renunciar a esa compañía sea un ser humano mejorado, distinto del que ingreso cuando inició actividad laboral, sea un individuo renovado en toda su integridad, porque el sistema deja huellas en él, los métodos usados en el entorno empresarial serán cimientos y quedarán estampados en su conciencia como una experiencia, una vivencia imborrable que sumó valía como miembro del equipo, como ser sensible y empático; sobresaliente por el servicio a una comunidad, que se rige por valores conscientes y no animosidades.

El niño que llevamos dentro durante toda nuestra vida, se liberó cuando esparcíamos en momentos de recreación y disfrute. Puertas adentro de una empresa está el hombre y la mujer maduros, responsables, conocedores de las metas y ejecutores de las tareas que conducirán fielmente a ellas; todo enmarcado en normas de disciplina, no en desorden; en lo práctico, no en la disfuncionalidad; en puntualidad, pero también en flexibilidad. Con sentido humano por las diferencias del otro, más que tolerar es para comprenderlo y sin resquemores, el entorno ocupacional se nutre más en la diversidad.

Es entendible y nada nuevo, que pasamos mucho más tiempo en el trabajo que con nuestra esposa e hijos; tenemos que priorizar el tiempo de calidad para con el entorno familiar. Es fundamental renovar modelos en cuanto a la obligatoriedad de ejercer actividad laboral, desde una oficina instalada en una empresa o cumplir con el mismo rol en la comodidad del hogar cuando la faena lo permite.

Con el acceso a la conexión global se puede implementar un sistema de redes de apoyo para ser más eficientes ahorrando horas que gastábamos trasladándonos a un espacio de trabajo y, ganándolas para dedicarlas a brindar atención a los nuestros. Esta ventaja enorme es posible en muchos ámbitos y áreas administrativas, donde el poseedor del conocimiento especializado puede prestar sus servicios desde un servidor en el otro extremo del planeta, al instante; de esta manera ganar y privilegiar el tiempo que antes se malgastaba entre el tráfico, por ejemplo. Es extraordinario el aporte que brinda hoy día la conectividad para facilitar en lo posible la menos permanencia en un área de trabajo, sustituido por la ejecución de las mismas tareas desde su residencia, sin importar a qué distancia te encuentres.

LA MOTIVACIÓN PERSONAL

El sistema de motivos inherentes al individuo permite explicar porque unas personas inician, avanzan y concluyen un determinado objetivo con aciertos y otras no. Yo soy un hombre con esperanzas en un futuro mejor, con una fuerza que me impulsa mental, espiritual y físicamente, a alcanzar logros inimaginables en el pasado y plantearme términos a muy largo plazo. Salvo cuando enfermo o hay algún evento que distorsiona el avance de manera momentánea, siempre estoy presto a dar absolutamente todo para un día cruzar la meta.

He comentado con antelación que también gestiono planes y proyectos a corto y mediano plazo; ellos hacen levantarme cada madrugada a sincronizar el tiempo para darle el mejor uso. Como frase célebre de mi autoría pienso, "un día sin aprender es una jornada desaprovechada", así lo concibo. También sé que a veces debo aquietar tanto mi mente como mi cuerpo, para no terminar cruzando los límites y decaer. Mi espíritu impulsa mi subconsciente a cada instante, ahí están formulados los objetivos a lograr, al acercarme a diario con el trabajo, con adelantar de a poco; me permite no solo imaginarme sino sentirme en el mañana, con los resultados en mis manos, disfrutando de privilegios y visionando nuevas y más elevadas metas.

Pienso en la historia de este día, con todo lo comprendido, con la gama de posibilidades que puedan alterar, detener o postergar temporalmente nuestro propósito; pero por difícil que sea la circunstancia presente también pasará, como río bajo el puente, como lluvia caerá y luego resurgirá el suelo seco. Así son los sueños por cumplir; estoy completamente seguro que el planificar a largo o muy largo plazo, marca la diferencia entre lo que se logra y lo que no. Porque el plan a largo plazo es como una vía ferroviaria uniendo una Nación de un extremo al otro y así, de allí puede continuar a otro país; durante el trayecto se tendrán muchas paradas, pero algo sí es muy seguro, las vías existen, igual son los planes en tu cerebro. Cuando ya has trazado las vías en tu mente, solo queda avanzar cuidadosamente, con enfoque y en el camino las cargas se asentarán y tu ruta llevará al destino que hayas proyectado; es una similitud acertada.

Experimento a diario empoderamiento con certidumbre clara, definida como la satisfacción por avanzar enrumbado en la dirección correcta. Soy feliz hoy, me siento satisfecho, pleno, mi motivación se eleva por los cielos; con esto me refiero que está por encima del cansancio y las debilidades. Lo nutre una energía súper humana, que me mantiene con los pies aquí y mañana sabré que hacer y cómo actuar, para obtener una estancia duradera en este sendero que caminamos llamado vida.

El estar auto motivado permite participar con un comportamiento entusiasta, orientado a finiquitar un objetivo con fuerzas que actúan y proveen de razones, extraídas del cúmulo de ideas alojadas en tu mente; dirigido a concluir cualquier tarea, sin importar el grado de dificultad ni tiempo de duración que ella sobrelleve o exija. Una persona altamente estimulada se aprovisiona, encuentra el arrojo, se impulsa junto a otros, continúa brindando importancia al esfuerzo supervisado y asistido, con todos los elementos que sirven de acompañamiento e influencia en la concreción de planes. Es la motivación personal sinónimo de realización, de estar y vivir ahora, disfrutando y superando cada situación con la actitud correcta puesta en el presente.

La capacidad para estar motivado no deja nada al azar, es propia de individuos que cuentan con un sin número de hábitos muy arraigados, aunque permiten la espontaneidad su actuar es disciplinado, con patrones en su comportamiento bien distribuidos y coordinados. Separa espacio en cantidad y calidad para con su pareja e hijos, tiempo para dedicar al trabajo, emprendimiento o empresa, sin abandonar el avance en los propósitos a mediano y largo plazo.

Cuando se sale de alguna de sus rutinas está cual esponja, obteniendo información e inspiración de alguna fuente como disfrutar al aire libre, ver una película, compartir un café con un cercano o descansar entre rutinas. Su mente inconsciente sabe las tareas por cumplir y de toda interacción, vivencia y experiencia está tomando, sustrayendo algo a lo que le sacará provecho; desde el autoaprendizaje a través de los métodos de trasferencia de conocimiento, hasta elementos básicos como percibir la belleza de un arcoíris, absolutamente a todo le encontrará utilidad.

El arte creativo se nutre de la energía y sabiduría que nos circunda. En la trivialidad se encuentran grandes posibilidades de enriquecer tu mente, el consciente no descansa, solo se pone en pausa; ya despierto y en su momento, el individuo tendrá una batería de motivación disponible. Como los alimentos son el combustible que dará nutrientes y proveerá de energía a tu cuerpo; el intelecto consciente y subconsciente se nutre de todo elemento posible, extrayendo algún beneficio u obteniendo una nueva forma, estrategia o proceder, para poner en práctica en el momento de innovar.

Somos carne y mente, el cuerpo necesita estar sanamente alimentado para poder funcionar bien; es un principio básico, "figura atlética, persona reflexiva". No puedes estar motivado a trabajar y producir si tu vehículo primario llamado organismo está fallando o pasa por enfermedad, igual sucede con el cerebro y la red neuronal, hay que alimentarla correctamente porque también puede entrar en dolores y fatigas. Lo anterior sucede si no la nutrimos con la información correcta, si no le hemos instaurado el hábito de pensar serenamente, el acto de meditación silenciosa, la introspección duradera y la interiorización efectiva, ellos son para nuestro intelecto, lo que las proteínas y carbohidratos para la anatomía humana.

La motivación personal deriva de una mente fuerte, productora de ideas sensatas y prácticas. El estar motivado te hace un solucionador diligente, ve oportunidades donde los demás obstáculos y dificultades; atisba el futuro, lo prevé y se pone en acción antes que los eventos sucedan. Es un hacedor y ejecutor, quien advierte en todo problema y dificultad el matiz de transitoriedad que merece, no sobredimensionando ni subestimando; porque conoce sus debilidades y fortalezas, sus libertades y limitaciones.

En concordancia con un pensamiento enfocado, motivado a alcanzar logros, este te despuntará con liderazgo o te relegará como un seguidor; en ambos lugares necesitas motivación. Si tu alcance es cortoplacista bastará con dedicación a lo presente y actual, en contraposición con el líder quien mira a futuro, inventa y se auto inventa con nuevas habilidades que le harán funcionar en el tiempo, ayudándolo a permanecer activo, sobrio y exitoso para garantía de sus trabajadores.

En resumen, la motivación es una energía que se produce en nuestro interior, sale y nos impulsa, igual amortiguador al soportar cualquier obstáculo, se retrae y regresa a su posición original para mantener el proceso de avance continuo. El estar motivados resulta como el elemento principal que permitirá proseguir en curso nuestros planes, prestos y dispuestos a ser concluidos con exactitud y puntualidad inglesa o, llanamente con demora relativa, pero ¡a la meta se llega sin lugar a dudas!

La certidumbre, en disponer de capacidad para afrontar los obstáculos y superarlos con pericia y experticia, ello será sinónimo de crecimiento. La innovación y transformación acompañan al individuo motivado, le proporcionará de información que lo impulsará a la creación e implementación de métodos, renovados a partir de ajustes eficientes, seguidamente queda superar aventajando a cualquiera que pretenda emular. Innovación natural y renovación incesante, son herramientas universales dispuestas para tomarlas y llevarlas a la práctica, a la cotidianidad del individuo; esa es la fórmula que da asidero al hecho, todo debemos perfeccionarlo y modernizarlo.

En la naturaleza se encuentra la analogía, con el verano se secan y queman las plantas para después dar origen a nueva vida, la simple renovación de lo viejo o antiguo por lo fresco y recién gestado, ello es de comprensión primordial. Con las sequías mucha fauna muere desprovista de alimento y agua, para luego en la primavera la abundancia les devuelve la esperanza, la flora reverdece y los provee. Así como las estaciones están para representar las bondades, al igual sirven como ejemplo de aplicación acerca de lo temporal de los cambios, que nada se estanca en lo permanente sino se transforma y alterna hacia lo reciente y por descubrir. Ellos están allí, para servir e ilustrar como punto de partida; enseñan al individuo la dinámica natural que nos rodea, sin nuestra aprobación, opinión o intervención, solo existen.

Es de trascendental importancia implementar estos métodos que están ahí para nuestra comprensión; son respuesta a indagación de curiosos, naturistas y biólogos. No en vano Darwin se enfocó en la evolución del ser humano, en la misma transformación de un individuo que se perfeccionó y preparó para atender a necesidades cada vez más apremiantes. Somos los seres vivos más adaptados, provistos de información y tecnología, incomparable con era evolutiva alguna, todo está mecanizado y acondicionado para obtener todo con el menor esfuerzo posible, en lugar de ir a cazar con lanza vamos con una tarjeta plástica y adquirimos en un comercio, o más fácil aun pedimos a través de una aplicación en nuestro dispositivo inteligente cuanto se nos antoje y en breve tiempo todo estará a nuestro alcance para abastecernos. Como con la progresión del hombre y su comportamiento, su desarrollo intrínseco, todo forma parte no descartable de nuestra identidad acumulada.

Hay elementos que aún se mantienen, el hombre era amenazado por su par llamado adversario, esto no ha cambiado. Hoy se camuflan con estratagemas y armas avanzadas, arrancan derechos básicos que buscan someter, dominar y controlar; al igual que en otrora territorios y población. La mayor diferencia es el deterioro constante y exponencial, que ha sufrido nuestro planeta en el último siglo y medio, esta situación nos hace un poco vulnerables, afecta y agrede nuestra motivación personal, porque desconocemos que legado natural recibirán las futuras generaciones. Aunque dominemos y controlemos la herencia genética y financiera, el estado del planeta que dejaremos a nuestros hijos y nietos es muy incierto. Es de indispensable reflexión y accionar inmediato si queremos legar vida en este suelo, que no se pierda de vista la faceta más importante por corregir, el impacto del paso de la especie humana, por la superficie de la Tierra.

LA MOTIVACIÓN COMPARATIVA

El deseo por acción y avance, el llevar una vida ejecutiva y de transformación, siempre genera por sí misma motivación; cuando los resultados son afines con las decisiones tomadas para lograrlos, también suma estimulo conducente al cambio, a la respuesta y a la actividad. Destaco este breve ejemplo, cuando hace muy poco tiempo un competidor fuerte, empezó a influir negativamente en el ingreso de un comercio de mi propiedad, de inmediato me puse en acción, mandé a hacer una averiguación de precios en el mercado de productos iguales o semejantes a los míos, aquí empezó el proceso de transformación. Este competidor copió casi todas las estrategias implementadas a diario, ya con el diagnóstico en mis manos empecé a tomar decisiones conducentes a restaurar la confianza y frecuencia con que los clientes visitaban y adquirían artículos en mi negocio.

En primer lugar, como acción evalué los productos del inventario con poca rotación y qué cantidad de ellos había en existencia; acostumbro hacer un sondeo del surtido cada quince días. Esto es comparativo a un eco que se hace en los riñones con cierta regularidad, para detectar el tamaño de un posible cálculo y su disminución en el tiempo o, semejante con una radiografía que prescribe un traumatólogo para conocer el estado funcional de un hueso, tendón, de un sistema de articulación y movilidad.

Para no ir tan lejos, se parece a pedir los estados financieros o de pérdidas y ganancias, de una empresa por un período determinado; allí se refleja su buena o mala salud financiera, se determina si está siendo correcta o deficientemente dirigida y muchos aspectos más. Da gran ventaja el llevar un registro entre períodos tan cortos y sin dejar de ser operativo el comercio, así nos enteramos de la baja o alta rotación de mercancías, para tomar medidas conducentes a corregir y mejorar.

En segundo lugar, como estrategia coloqué un precio más bajo a los productos de rotación lenta y en abundante existencia, le di medio día y los resultados fueron negativos; decidí bajarlo al costo por otro breve espacio de tiempo y, continuaron siendo desfavorables los resultados. Finalmente, como tercera acción, el comprador o usuario debe decidir, ¿cuánto está dispuesto a pagar por la prenda?, si eso significa que hay que perder en el presente, así será; luego de convertir la existencia atascada del inventario en dinero, se reinvertiría en un artículo de alta rotación con buen margen de ganancia y así fue.

El sistema funcionó, coloqué el producto un 40% por debajo del precio de reposición y boom, la gente se abarrotó aprovechando la oferta; eran más de quinientas unidades de franelas para damas y caballeros, de color verde y naranja neón. En cuestión de cuatro a cinco días desapareció de los anaqueles, así con la misma estrategia perder hoy para ganar mañana procedí a liquidar otras mercaderías. Las personas que adquirían estas mercancías a precio de remate llevaban ocasionalmente otro género que estaba por debajo del precio, ya que, como estrategia de mercadeo rutinaria, se envía personas ajenas a mi tienda a preguntar a otros competidores por precios de venta de manufacturas, para con esa información en mi poder hacer rebajas equivalentes a disminuir márgenes de ganancia, pero aumentar unidades comercializadas en períodos de rotación mucho más breves.

Mi enfoque comercial es ofrecer surtido basado en la oferta y no en la demanda, comprendiendo que generalmente las personas caminan tres cuadras por obtener un descuento, por poco que sea la diferencia con la competencia y esto acompañado por un excelente servicio de venta y posventa, los resultados no tardan en saltar a la vista. Esto me generó grandes bendiciones, se abrieron puertas inesperadas, como por ejemplo me relacioné con nuevos proveedores que me suministraron productos a más bajos costes y me permitirían, continuar con el esquema de liquidación de forma permanente.

Un colaborador de confianza con asombro me preguntaba —¿cómo hace para obtener precios tan bajos en los productos?—, le contesté —ni yo mismo me lo explico, son bendiciones, eso—. Dentro de mi argumenté, cuando tu sirves y beneficias a un mayor número de personas llámalo Dios, la Providencia o el Universo, ellos se alinean contigo para hacer milagros, así lo catalogo; es frase célebre y favorita de mi autoría "el éxito se mide en función de las personas servidas, vidas mejoradas y transformadas; mas no por el dinero que se ha obtenido en el proceso". Esto se logra solo y únicamente por una motivación esencial, antes de empezar la campaña defensiva, referente a mis competidores recuerdo que pensé y lo digo, les deseo la mejor suerte del mundo, porque el que trabaja honestamente tiene todo el derecho de progresar; en otras palabras, es simple, pide el bien para tu prójimo. Este es el primer paso, para que la energía que emana de ti retorne de igual manera.

Mi motivación la transfiero a mis subordinados, muy regularmente les digo más que emplearse por el dinero que reciben a cambio del tiempo que me aportan, trabajen por lo que van aprender. Porque un entorno ocupacional es equivalente a una escuela de negocios, sean esponja, absorbiendo procedimientos y estrategias, para que con el trascurrir del tiempo puedan implementarlas en sus emprendimientos. El dinero no es más que un medio de intercambio para adquirir bienes, pagar por servicios y satisfacer necesidades, son las enseñanzas y experiencias adquiridas en ese ámbito laboral, dirigido por un líder capaz las que quedarán para incorporar en el futuro en cualquier entorno, porque son valores y prácticas vigentes, aplicables en las relaciones de pareja, familia, comunidad y sociedad.

Retomo a continuación y les menciono que a veces cuando por fatiga, aplazo o descuido una decisión, ellos, mis colaboradores, me lo recuerdan y se activan de inmediato los procedimientos de rigor y apoyo. Con una mente motivada y un cuerpo robusto producto del consumo fresco, saludable y la ejercitación adecuada, sumado a un espíritu dispuesto, asiduo en la meditación, la relajación y el filosofar, ellos son como un árbol muy frondoso que da sombra y cobijo de la lluvia, en el futuro los cogollos que nacen de sus raíces crecerán y serán fuente de abrigo a esta y la siguiente generación. Es una energía contagiosa, originada en la acción no en la omisión, impulsa a gestionar cambios y generar resultados; esta realidad comparativa a diario se extrae de experiencias reales y verificables, de cualquier entorno empresarial amplificador del progreso.

Hay un aspecto que no puedo pasar por alto, en el pasado cuando he tenido desmotivación hablaba con mi esposa, dije

—ciento cansancio mental, producto de la rutina y la cotidianidad que a veces están en contra corriente—. Pensaba y le hablé—amor necesito esparcimiento, me tomaré el día libre y nos vemos en la tarde o la noche—; ella asintió con su cabeza y marchó a su trabajo, como parte del personal administrativo de una escuela pública y, bien, me fui.

Decidí salir a un lugar cercano, rumbo a una playa, a un sitio como a una hora y media de tiempo en carretera; mi objetivo era entrar en contacto con la naturaleza, pretendiendo situarme en estado de contemplación. Cerca del destino me detengo en un surtidor a cargar gasolina, junto al despachador había un muchacho quien se ofreció a limpiar el parabrisas de mi auto. Pasmado y sorprendido quedé, este joven no tenía completo los brazos, sus dos extremidades superiores estaban el izquierdo hasta diez centímetros a partir del codo y de su otro costado sobresalía un apéndice como a quince centímetros del hombro. La sorpresa no acaba, sus piernas se apoyaban en unas prótesis añadidas: la derecha antes de donde debería estar la rodilla unida a un muñón y en la otra le faltaba el pie; en ambas se notaba su morfología, aunque tenía pantalón largo y botas de goma. El joven limpió el parabrisas del carro con tal ánimo, inclusive tarareaba una canción mientras hacía su tarea, esto entre tanto se llenaba el tanque de combustible.

De inmediato le pagué por sus servicios y lo invité sentarse conmigo a comer, beber algo, en sí, platicar un rato y yo le remuneraría por el lapso que tardase la conversación. Así fue, mi motivación luego llegó donde regularmente esta, como lo menciono por las nubes y no me refiero a lo muy alto, sino preparado y activado. Esa vivencia me recuerda que a veces hay razones para estar triste, sentirse solo, desvanecido y confundido, pero sabes siempre hay alguien que sufre más que tú, recuérdalo. No existe experiencia más ejemplar que disfrutar de amigos, aunque con dificultades muy superiores, radicales y funcionales; aún con esas limitaciones se permiten disfrutar y bendecir un nuevo día. Al tiempo que dan lección de tenacidad y persistencia, con su sonrisa, apego al trabajo aparte prestan un servicio ¡eso es entusiasmo!

Contar con esas amistades significa encontrar un diamante, valiosos por su espíritu y actitud, no se amilanan por sus desventajas, miden su potencial en lo que les funciona y cuantifican sus logros en cuanto pueden dar, no se arrojan al abandono ni a la mendicidad. Añado algo más, ese hombre humilde tiene esposa y tres hijos, por los cuales sale determinado como expulsado a la calle, a cumplir con una labor para después de trabajar administrar inteligentemente los beneficios que obtiene.

LA MOTIVACIÓN DERIVADA DEL AMOR

El amor resulta ser la experiencia más sanadora y reparadora, es creadora de nuevas expectativas entre las personas involucradas. Somos mejores personas cuando el amor que damos es recíproco, se amplían los lazos de confianza y es el impulsor humano, que va más lejos a lugares donde solo los comprometidos pueden llegar. En este se encuentran las obras de arte y creaciones maestras, dotadas de tal perfección que el asombro no da cabida al raciocinio. Se entremezclan la sorpresa y la incredulidad, ante la invención, diseño de productos, innovaciones tecnológicas y descubrimientos científicos; no dejan dudas que fue el amor, la fuente usada como inspiración por su autor y protagonista.

Se refiere más allá del encuentro entre parejas, a dejar legados por siglos sobre la faz de la Tierra; se fundamentan las creaciones más sublimes que encienden la motivación de todos a su alrededor, siendo promotores ejemplares de las capacidades infinitas. Los logros inalcanzables para ese momento, ya develados y derribado el mito, genera el comienzo de una nueva era donde la perfección cobra sentido. Son humanos excepcionales camuflados en lo común y ordinario de la sociedad, pero con una personalidad carismática que supera las fronteras de lo posible y hacen realidad absolutamente todo lo negado o improbable para las demás personas.

Son seres brillantes, motivados por un deseo tan inmenso y una pasión desbordante, porque habrá millones de mortales que gustosamente querrán seguir su ejemplo. Son los transgresores de lo establecido, innovan, crean y revolucionan, su visión aguda no termina con un proyecto, al contrario, van más allá; su habilidad es renovada y puesta a prueba a diario, hasta donde la perfección llega a emular lo sagrado y divino, como si el autor hubiese estado acompañado de una entidad espiritual.

La principal filosofía es afianzar el valor del empeño, constancia, persistencia y perseverancia sin límites; sobreponiéndose a obstáculos que pretenden hacer caer o desviar de la ruta correcta. Ellos en realidad abren un nuevo camino, crean una historia, la conquistan y por destacarse tanto, son vistos con gran admiración como seres llevados de la mano de Dios. A esas distancias y hasta esos retos podemos acercarnos todos y cada uno de nosotros, quien esté dispuesto a encarar cualquier dificultad con una solución creativa y un impulso riguroso; no permiten en su vocabulario términos del mal como excusa y pereza; tan solo lidian con el cansancio propio que proviene de su cuerpo y cable conductor, a la energía Providencial.

El que no cree se asusta frente a una causalidad difícil de entender, mucho menos puede identificar un milagro cuando se percibe la presencia y mensaje que representa el mismo para con la humanidad. Cualquier logro originado de las manos, el intelecto y la emoción consciente del individuo, procede del entusiasmo universal, que no cansa ni declina. Solo el amor y la sensación de ser amado, desprenden de nosotros un potencial extracorpóreo, que manifiesta seguridad, fe y certidumbre. Son el motor que da movimiento infatigable, nos conduce hasta la transformación creativa, que por sí sola al llamar la atención de otras personas, nos abre puertas y presenta oportunidades nunca antes imaginadas, solo perceptibles por seres capaces de amar.

Desde ayudar a un anciano a cruzar la calle, como orientar al invidente con una dirección; hasta no ceder ante injusticias hacia los demás, en detrimento del respeto, la honra, la dignidad y la condición humana. Alzamos la voz porque somos irreverentes ante atropellos y arbitrariedades. Esa es la constante que dejará huellas de por vida y para ser objeto de respeto por los demás, porque frente a su presencia no se permite menoscabo a la integridad, ni se acepta humillaciones como miembros de una comunidad; con albedrío para elegir y decidir sobre nuestro destino de la forma correcta, pero peculiar de cada miembro de una cultura, etnia o minoría; nutriendo y aprendiendo de las diferencias.

Es un amor que motiva y mueve hacia causas justas y trascendentales. No son logros para mezquinos, sino para individuos merecedores y comprometidos por alcanzar el bien común como causa rectora. Trabajan por el mejoramiento de las normas que rigen nuestro desenvolvimiento diario y la satisfacción por parte de todos, de las necesidades mínimas; con garantía de contar con una alimentación lograda por su esfuerzo y trabajo creador; con disponibilidad de un techo que proteja de los elementos y las comodidades básicas cubiertas y libres de amenazas por parte del sistema; para llamarse personas dignas, seres individuales, valorados como parte de una familia y un colectivo.

Ciudadanos de una Nación que brinda oportunidades y esta es sinónimo de esperanza, de que cada niño tenga derecho a la inserción en un sistema escolar desde su nivel inicial, los jóvenes cuenten con la certidumbre de elegir y abrirse camino por el sendero del conocimiento, que puedan desempeñarse laboralmente e impulsarse en una sociedad que promueva la libre empresa y emprendimiento, donde pasada la madurez se pueda optar por un retiro y pensión digna, que atienda a sus necesidades económicas, bienestar y sanidad garantizadas. Poco más o menos estos son los propósitos humanos, que anhela un ser consciente encarnado por completo en el amor, no por el amor meramente carnal por su pareja, aunque es hasta cierto punto necesario e inspirador, sino por objetivos más elevados asignados, a partir de un amor superior que es movido y acompañado por lo divino y en concordancia con lo eterno.

Establece esos ideales en tu mente, para trabajar y moverte hacia esta distancia y grandeza. No se reconoce el problema ni lo imposible, tan solo se lidia con situaciones por superar, con herramientas y procedimientos conscientes igualando a sabios y filósofos. No es una maleta con componentes intelectuales comunes y corrientes, son el martillo y cincel que darán forma a la perfección. Es el pincel y las pinturas que plasmarán las obras, luego de percibidas se elevarán hasta la cima de lo más valioso; solo permitiendo comentarios que atraen y en sí son perfección, no para ser objeto de adoración ni misticismo sino para elevar el esfuerzo del hombre y la mujer contemporáneo, a estados no vistos en mucho tiempo y que resurgen como Ave Fénix de la cortina de humo que vemos a diario y llamamos realidad.

Las personas viven y trabajan hoy y para hoy; las decisiones apresuradas no les permiten salir del círculo de confort en que se hayan atrapada cada día, más y más; manejados y movidos por lo actual y modal, nunca motivados. En lugar de buscar lo eterno, liberador y trascendental. Entonces sin lugar a dudas, el amor es la fuente más poderosa existente que nos puede inyectar entusiasmo y motivación; amor con amor se paga. Si lo entregas de primera mano por adelantado, ya sabes los resultados a esperar y no solo de tu interlocutor o contraparte; también puede venir del observador, ejecutor de sueños y fabricante de milagros.

El amor nos hace mejores, nos da el empuje que requerimos, desprende de nuestra presencia una energía optimista, que todo el que se acerca a nosotros quedará afectado positivamente; sea que solo compartamos una mirada, una sonrisa o un saludo. Con este primer paso ya estamos dejando huellas en alguien, con gestos y actitudes tan elementales y cotidianas. El amor es experiencia terapéutica por sí misma.

7

DESCIFRA TUS PROPÓSITOS

SIGNIFICADO

Tener un propósito es llegar a comprender la actividad que dará sentido enriquecedor a mi vida, bien sea temporal o permanente me hará feliz y brindará valía, porque de esto depende el beneficio que yo puedo obtener luego de entregar mi fuerza física, capacidad intelectual o dotes artísticos, como contribución a un colectivo o la humanidad misma. Dará significado a todos los esfuerzos añadiéndoles intención y dirección, con un enfoque definido cuya energía no agotará, **por**que son sentimientos que nacen desde lo más profundo del ser, de sus entrañas; que logran a corto, **mediano** o largo plazo un cometido que sumará a las partes involucradas, entiéndase servidores, beneficiarios o favorecidos.

Ese propósito se ejecuta, después de **estar** firmemente planteado y definido, acompañado de una constancia imperturbable que garantizará en el tiempo asignado y con el potencial suficiente, su materialización. Comprendido y direccionado, te encaminarás por la senda correcta, ella conducirá a la concreción paso a paso, escalarás peldaño a peldaño, hasta que con esmero hayas recorrido un tramo suficientemente largo para ser reconocido públicamente. Cuando se trata de metas poco creíbles, será el producto de los resultados emanados de tu trabajo, quien permita al individuo despuntar y dejar ver ante la sociedad el cúmulo de talentos que merecerán reconocimiento.

No ocurre igual con el arquitecto o ingeniero, porque sus proyectos requieren de diversas aprobaciones y múltiples cambios; es allí donde los propósitos cobran otro significado, el de legar a través de estructuras no develadas antes por mortal alguno para disfrute de generaciones venideras. Una idea o concepto se elige porque es clara y entendible, en la mayoría de los casos aplaudible y apoyada; en este punto se hace más fácil y corta la distancia desde la fijación de un propósito hasta su finalización. Muestra con la mayor trasparencia el cúmulo de razones y motivos que condujeron a esta respuesta conclusiva, donde se presenta la historia que conduce básicamente a cualquier persona a comprender las intenciones, tras un empeño determinado.

Deja al descubierto tus sentimientos, pensar y proceder, ya que ellos enseñarán la energía impulsora que dará cuerpo y pronto vida a la estructura tangible o inmaterial, que resultará como consecuencia de los planes llevados a término. Cuando suceda la exhibición pública de tus ideas se presentará todo un sistema de valores, develándose los deseos que circundan y mueven al artífice de esos propósitos, lo definirán. Sin lugar a duda como primera crítica constructiva, se catalogará como un individuo centrado, con razonamiento preciso y seguridad absoluta. En lo referente a dónde quiere situarse, bastará que el sabio tiempo como juez sea testigo de la realización producto de su determinación infatigable, por llevar a destino cada proyecto.

Se desprenderán amplios calificativos de la exposición y el conocimiento popular, pero a buen entendedor pocas palabras; el simple hecho de diseñar un plan estructurado con toda la disposición de convertirlo en realidad, generará críticas muchas veces no muy bien vistas por la sociedad. Cuando se levantan tus propósitos por encima de las masas y en el caso de que algunos no reciban tu atención, estos serán mordaces en sus opiniones y comentarios hacia ti. Desde este punto debes sentirte afortunado porque encuentra oposición, solo lo valioso, y lo que tenga sentido, despierta sentimientos de envidia, aunque esta pueda ser sana.

Te impulsará porque te abres camino por donde las mayorías no; destacas donde los miedosos y temerosos ni lo intentan; tu visión te da reconocimiento, te hace audaz; que por sí sola ya atrae a muchos y repele a pocos. Inclusive llegaras a ser calificado como genio o tonto, ella es una aventura heroica a emprender; esto dará sentido al vivir y todo lo que comprende, a sentir y encontrar un lugar desde donde servir y complementar a las personas. Entre más excéntricas sean tus ideas o parezcan alocadas, tendrá mayor valor y será un desafío continuar; es claro como la luz, directo como la línea recta, diáfano como lo trasparente.

Fija intenciones claras que conlleven a resultados semejantes, poniendo de manifiesto una firme determinación, dando de sí el 100% de todas tus capacidades al transitar la senda. Tu objetivo lo antecede un trayecto repleto de todo tipo de dificultades y contratiempos, aunque es tarea superada a fin de cuentas el destino es alcanzable y lograble, puesto que tú resolución desconoce el agotamiento. Dejarás estela en caminos recorridos con estoicismo y dedicación absoluta, no claudicarás ante impedimentos porque estás decidido a llegar hasta las últimas consecuencias para conseguir tu propósito.

Te expondrás cuál escritor con obra artística que tiene una proyección universal, ignorada por las mayorías, sabiendo que tu muestra es solo un simple eslabón de una larga cadena de logros por publicarse en tiempo futuro. Representas la grandeza y magnificencia fruto de pensar, qué añadirá más reconocimientos **para atesorar** en el mostrador de trofeos y logros. No quedará menos que sorpresa expuesta por parte de los que en el pasado incrédulos **no te creían,** quienes tendrán oportunidad de divagar entre la aceptación o la admiración por tu éxito.

Dejarás en evidencia tu mejor deseo y dedicación para con lo soñado, que al convertirse en propósito se denomina objetivo, que arrancará con su concepción, hasta el nacimiento y desarrollo de esa criatura que se llamará obra en ejecución, al que sin lugar a dudas le destinaras tiempo y espacio, porque pasó a formar parte esencial de tu vida y del presente que llenará de motivos sólidos cada día y jornada. Serás tan feliz y percibirás el sentido de realización, porque es en el andar donde se experimenta la felicidad, cruzar la meta es solo un resultado esperado, por aceptar y digerir.

La declaración ordenada de los valores que anteceden a tu propuesta está en concordancia absoluta y demuestran lo alcanzable, sin importar el tiempo ni las dificultades a enfrentar, será de clara comprensión pues la historia habla muy bien de ti. Si has tenido desaciertos en el pasado será mayor el impacto y sorpresa, ya que serás motivador porque al igual que yo, hemos superado errores y malas elecciones en algún determinado momento de nuestra existencia.

Lo esencial radica no en cuantas veces tropecemos y caigamos, sino que tan rápido nos levantemos y reponemos de cada traspiés; si fuéramos perfección nos colocarían con nombre de pila a todos, ¡Jesús Cristo! pero no es así, la excelencia es el objetivo, pero vivir el proceso el asunto. La calidad y cualidad en las decisiones que tomemos nos dan el señalamiento de valientes o pusilánimes; atrevidos o tímidos; despiertos o aletargados; resueltos o temerosos; líderes o seguidores y, en fin, exitoso o fracasado. No hay mayor satisfacción que la promesa en un cambio cumplido y llevado a término, esa es la finalidad de los propósitos, con determinación transformadora de la realidad son y están para perfeccionar, evolucionar hacia lo nuevo, lo mejor, lo verdaderamente meritorio, lo admirable e imitable.

En el camino se resuelven las dudas o dificultades, si los procedimientos arrojan un plan débil se fortalecerá con nuevos aportes, reforzará y hará el propósito más alcanzable. Algunos temas por muy estudiados y debatidos, por más preparados y dedicados que hayan sido, no escapan a eventos externos que pueden afectar seriamente y aplazar temporalmente **las ideas planeadas**, son situaciones que escapan de las manos y control alguno. Enumero dos básicos: **la primera**, las catástrofes de índole climática, que pueden perjudicar desde la vivienda hasta el ámbito laboral de cualquier ser humano y; **la segunda**, el tema que azotó a la **humanidad a finales del 2019** llamado pandemia del coronavirus. Son elementos completamente imprevistos e inesperados, pero de estas difíciles calamidades que afectan a la población en general también podemos salir fortalecidos. Recuerda que, lo que hiere te hace más fuerte.

Siempre tendrás una respuesta a cada dificultad, porque desprendes seguridad en tu actuar, no divagas ni improvisas, tus deseos son más fuertes que la tentativa por abandonar durante el transcurrir de la travesía. Aquí cobra sentido práctico para algunos la fatiga, la perdida de voluntad y renuncia, porque es el atajo que encuentran los débiles cuando los problemas aumentan y frecuentan. Tu persistencia es igual al acero fuerte e irrompible y no cede espacio al retroceso, tan solo se detiene a reponer energías más no para marcharse; si aplaza es por períodos cortos, no duraderos ni consecutivos. La continuidad es lo que da sentido al propósito, el soñador y planificador no espera desenlace alguno ni deja al azar su destino, porque va acompañado por su fortaleza espiritual que impulsa en las dificultades más profundas, a salir a flote, nadar, llegar a la orilla y encaminarse de nuevo.

Podemos llamarlo fuerza superior o firmeza interior, eso es lo trascendental aquí, marcarás la diferencia cuando sin condicionamiento alguno te mantengas en la ruta y absolutamente nada te saque de trayectoria; ni el clima más adverso ni la situación más calamitosa desdibujará el objetivo que plasmaste en tu mente y créeme que no cesará el ánimo ni cansarás hasta sentirte en el tope de la montaña o en una de las terrazas que conducen allí. Porque no es el premio quien brindará la satisfacción plena, es en el tramo entre el inicio y la llegada donde se desprenderá un cúmulo de satisfacciones, que en resumidas cuentas serán la felicidad que irás acumulando y es el motor impulsor que te mantendrá en marcha.

En períodos de crisis, los pequeños logros, granos de arena, acciones chicas o gestos amables son un manantial, de allí se deslinda esa fuerza mágica que energiza, te recarga a diario. "Qué significativo es vivir para renovar vidas", las amarras irrompibles que ataron tu propósito a ser útil a los demás serán la máquina que catapultará en el tiempo espacio. **Todo** objetivo será **alcanzado, igual semilla plantada** en tierra fértil abonada con buenas intenciones, deseoso germinará frutos sanos y abundantes. Es simple, a partir de un ánimo inquebrantable, nitidez de pensamiento, conducirá a realización y acercará la excelencia.

Por tratar de igual manera a todos y sin discriminación, tus acciones prevén al éxito como resultado; eres apreciado y considerado al formular ideas consistentes y bien estructuradas que conforman tu sistema de propósitos. Más que metas por cumplir es una forma y método de vida, con una disposición transformadora imperecedera que trasciende la lejanía y arrastra por el surco que dejas tras tu actitud. Una persona con aspiraciones es un ser solucionador, que no se queda en atascos, es de mente abierta y dispuesta, adopta ideas frescas porque entiende que es parte de la transformación. Se convierte en un individuo nuevo y renovador de su entorno, afecta significativa y positivamente sus relaciones con los demás, porque no hay distracción que lo saque de su vía, ni dificultad que mengüe su impetuoso carácter; cada vez más reforzado y persistente, a veces apasionado, pero atractivo por ser ejemplar para su prójimo. Demos gracias a la Divinidad por las personas que definen y descifran un propósito rector para sus vidas.

PROPÓSITOS DERIVADOS Y ESPONTÁNEOS

Como principal foco para localizar nuestros propósitos se ubica en el interés de servir a otros. La vida nos empuja e impulsa a veces a través de acontecimientos que dieron un quiebre a nuestras vidas, dividiéndola en un antes y un después de dicho evento. La pérdida de un ser querido, un accidente donde una persona perdió una extremidad o facultad física, la bancarrota ocasionada por decisiones financieras desacertadas, la separación de tus chicos producto de la intolerancia que concluyó en un divorcio, la pérdida de un empleo que generaba la estabilidad económica a tu familia, la partida de los hijos cuando han alcanzado la mayoría de edad o migran a otros destinos buscando mejor calidad de vida.

Hay infinidad de causas por las cuales tomamos la determinación objetiva de atarnos a un propósito de por vida; en mi caso pasado el cumpleaños número cincuenta asumí el reto por mejorar y ejercitar cada vez más mi capacidad cognitiva, ello fue mi punto de inflexión, servía a decenas de miles de compradores al año y quería ir más allá: atraer a cientos de miles y aún mejor a millones de personas. Yo sentía que era muy bueno transmitiendo educación a los colaboradores en mis emprendimientos, interesaba a individuos en cantidades enormes, mis negocios estaban sujetos al corazón de la clientela; ya que gozaban de productos de calidad a precios sin competencia, excelente atención y un servicio post venta ejemplar. Entonces pensé que esto debía expandirlo.

Son, repito, decenas de miles de personas a quienes beneficiaba al año y me propuse ir al siguiente nivel; fue así como motivado por los anteriores impulsores decidí plantearme la posibilidad de servir a cientos de miles de personas al año a través de mis libros y, luego de varias publicaciones, ir tras millones de lectores. Se preguntarán ¿cómo pienso lograr esto? Es relativamente fácil, debido a mi necesidad imperante por consumir contenido constantemente, devorar textos dirigidos e implementar múltiples emprendimientos, me hice perfeccionista.

Ordeno un hilo conductor que permite extraer todo lo aprendido en mi experiencia por la vida, en los negocios, mi historia, aciertos y fracasos; plantearme educar a las multitudes acerca de todo cuanto pudiera sumar; dar importancia a cada una de las bendiciones que poseemos a diario e ignoramos; presentar realidades desde un punto de vista completamente diferente e inédito, todo ello con argumentos válidos. He comprobado el éxito con mis grupos de trabajo, colaboradores, consumidores, la comunidad y la sociedad misma.

Decidí y planifiqué un firme propósito para guiar mi vida por el resto de los días, sin dudas es la mejor decisión que he tomado, me mantiene cada día joven, erguido, saludable y esperanzado. Me cuido para alcanzar una longevidad activa, con prosperidad y rodeado de gente a quienes mis enseñanzas hayan transformado, impulsando cambios significativos y logrando mejoras cuantificables, manifestadas en beneficios para su entorno familiar, uno más estable, donde el amor y la tolerancia sean timonel permitiendo atravesar cualquier tormenta que amenace la estabilidad en el hogar.

Soy bendecido y me defino como tal, por contar con la infinita suerte de alcanzar con mis publicaciones tocar el corazón y la mente de lectores necesitados de nuevos contextos, dirigidos a renovar la percepción de la realidad para mejorarla, de igual manera como la ciencia evoluciona y se transforma. Nuestro Yo interno debe procurarse la transformación regular, en aras de no quedar atrapados en métodos de aplicación obsoleta o en procedimientos extemporáneos, en el área comportamental.

A muchas personas les ha correspondido después de una pérdida o experiencia traumática, enfrentar el punto de división entre sus dos vidas, la primera antes de un propósito y una posterior ya con este fijado. Brotan fortalezas que benefician a otros, a veces resultan fundaciones maravillosas como resultado de una tragedia, posterior a ella se ha levantado cual Ave Fénix un líder motivado por su pasado. Nacen, entre muchas que mencionaré, solo como ejemplo de propósito más no como elemento de indagación, organizaciones de ayuda a personas con problemas de alcoholismo o drogadicción.

Sucede en la vida real, cuando un individuo en estado de embriagues e intoxicación y tras el volante de un carro, cegara la vida de sí y de otras personas, al quedarse dormido y estrellarse a alta velocidad con un vehículo que apareció en su camino. O el chiquillo de tan solo nueve años que, cumplido el tratamiento con radio y quimioterapia, perdió la batalla contra la leucemia. Como benefactor de una fundación regional de apoyo a chicos con cáncer, anualmente me entregan una relación con nombre y apellido, de niños que se beneficiaron de mi aporte y detallan también quién lo logró y quién no, ese es mi cable a tierra; inicié hace más de cinco años este propósito ininterrumpidamente. Fue algo espontáneo, movido por una publicación que apareció en una página de un periódico local, hubo una conexión inmediata y se hizo compromiso mientras viva.

La vida va y viene, se vence y se pierde, se nace y se muere. Este es el lugar de prueba para nosotros; aprendemos y crecemos, atravesando experiencias agradables y otras dolorosas; es la manera como conocemos el amor de entre el dolor. En esta dicotomía de la vida, nos encontramos en el transcurso de la misma con casas de alimentación y alojamiento para personas sin techo, entonces la mejor enseñanza es educar a nuestros hijos en el servicio y empatía para con el prójimo, con nuestro complemento, haciendo tarea comunitaria, dedicando tiempo, esfuerzo, aportando dinero o capacidad, porque no sabemos cuándo estaremos arriba o abajo.

Todo propósito encuentra anclaje en un deseo profundo por entregar parte de uno al otro, por curar y sanar, evitar heridas para el vulnerable; por querer sembrar esperanza, es la frase clave, a ella me remito. Soy y mientras viva seré, "un cultivador de esperanza". Es de conocimiento general que los más finos perfumes vienen en envases pequeños, así es la gema que te dejo en cada fragmento para que lo recojas, selecciones y pongas en práctica. El diamante siempre estuvo ahí, es solo cuestión de advertir su valor, pero no me refiero al precio comercial, se trata de la estimación motivacional de la cual podrás desprender infinito provecho, no olvides que la riqueza material no es lo único que representa abundancia.

En un hogar armónico hay riqueza, en una relación de pareja fiel y comprometida hay riqueza, en la comunicación coherente y constructiva con tus hijos hay riqueza. Si solo la observas en lo que se intercambia y genera lucro, entonces te exhorto a retirar esa venda de tus ojos y abraza la luz de la sabiduría, del conocimiento liberador, dador de paz y tranquilidad, que encuentra oportunidades donde otros ven dificultades; abre caminos donde los ciegos de corazón, solo ven espesura y maleza; que haya liquidez donde los miopes solo perciben escasez.

De eso se trata mi verbo y relato: de abrir no de cerrar, de afirmar no de negar, de aclarar no de confundir, de simplificar no de dificultar, de interiorizar no de señalar; es fácil apuntar a culpables o inventar excusas, lo difícil es aceptar errores y concretar soluciones. Esta es la gran diferencia entre este humilde servidor y los demás escritores, no te prometo quimeras ni mundos fantasiosos que no sean producto del esfuerzo y el amor por los demás. Es mi talón de Aquiles, no ser aceptado por quienes quieren respuestas o soluciones mágicas, pues simple y llanamente no las doy porque no existen. Solo lo proveniente del trabajo justo del hombre dará frutos ricos y provechosos, lo demás es sombra sobre rocas.

Los propósitos que se revisten de espontaneidad, claramente los podemos identificar porque son producto de un impulso inmediato, sin discernimiento, se dan como resultado de una respuesta mecánica o inconsciente. Estas son las actitudes humanas que emanan de las creencias, la moral y los buenos hábitos, de una vida saludable, libre de vicios y adicciones. El joven que se muestra caritativo ayudando a un anciano a cruzar la calle, a un invidente a hallar orientación, en la colectividad participando en tareas en favor de la comunidad y convivencia; todos y cada uno de estos pequeños gestos brinda significado a la vida. Son producto de un individuo que no piensa, solo reacciona cuando la ocasión lo requiere; está en autorreflexión constante, a la búsqueda de personas necesitadas para servir y serles útil.

No reconocen la palabra sacrificio porque su esfuerzo va canalizado entre sus valores más fuertes, asociándole con trabajo o labor entusiasta nada más, sin alardear, solo menciona lo necesario. Todas estas acciones brindan sentido de humanidad al individuo, refuerza su necesidad de concordia para con el otro, lo conecta con el beneficiario y complementa mediante una respuesta inmediata. Por estos días un hombre con un bebé de poco más de un año en brazos, me abordó diciéndome que había salido de prisión y estaba solicitando ayuda económica para pagar pasaje para él y su esposa quién estaba a su lado. Dijo —no busco ni pido compasión, tan solo apórtame lo que puedas—; es todo, en cuestión de pocos segundos la cantidad necesitada ya estaba en sus manos. A esto le llamo oportunidades doradas.

La Divinidad se presenta a través de individuos próximos o saliendo de desgracia, a ver de qué forma los abordas con sus falencias. Dios se puede aparecer en un joven, un niño, una mujer embarazada, un anciano o indigente, todos necesitados; lo especial es la forma como actúes frente a los argumentos que acompañan a cada uno de ellos. Como explicación concluyente recuerda esto por siempre: Dios aparece ante ti representando a diferentes personas, en una acción evaluativa que da asidero a la expresión: "ama a tu prójimo y da, lo que te gustaría recibir de él".

No se trata de dar dinero al adicto para que compre drogas, consiste en identificar la oportunidad y aprovecharla, porque estás acercándote más a lo divino cada vez que descubres una causalidad y la atiendes. No dudes en dar al necesitado ni levantar al caído. Identifica tu diamante, porque esa ofrenda se retribuirá exponencialmente a tu favor. Si tus talentos y habilidades son el fuerte, no los regales, canjéalos por un precio justo, no sobrevalores tus servicios ni los pongas en una especie de subasta; porque eso mismo recibirás de la Providencia. Quizás tu o un pariente en el futuro requiera de un trasplante de un órgano, posiblemente lo otorgarán tipo sorteo o por listado de necesidad, porque recibirás en relación con lo entregado.

Se apasionado con lo que sientes que te llena y brinda inconmensurable alegría, ahí está tu norte; sea vendiendo, cantando o bailando; atendiendo pacientes o defendiendo acusados en los tribunales; tratando con colaboradores o contratistas. El producto de algún tipo de interacción humana te brindará una satisfacción tal, que decidirás hacerlo hasta de gratis porque pareciera es parte intrínseca en ti ayudar y compartir. Los propósitos están allí, esperando a que descubras cual es el tuyo y lo pongas en marcha; por siempre, mientras existas y, bendiciones comenzarán a llegar de innumerables semilleros. Así que prepárate, elige entre tus fortalezas y acciona de inmediato.

PROPÓSITOS CORTOPLACISTAS

El más conocido inicia regularmente con el nuevo año, ¡el bajar unos kilos! Cuando no estamos en control de nuestras emociones, sentimientos y descuidamos nuestra salud, es muy fácil caer en el famoso tema del sobrepeso, producto de la ingesta de bebidas alcohólicas, las sodas, la comida chatarra, las grasas saturadas, los enlatados y la poca actividad física. El génesis se encuentra en el autorreflexión. La auto sanación implica la revisión de cuál es el origen de las afecciones por resolver; relaciones que dejaron enojos y diferencias por subsanar; un vínculo por mejorar, en una tarea pendiente o tema por debatir; de los anteriores episodios la ansiedad asume el timón y con ella vienen los desequilibrios. La cura empieza por tomar el control sobre los impulsos que te hacen comer o tomar de más, escucha a tus padres, hermanos, parientes, vecinos, compañeros o amigos; habla, y más tarde, enfrenta.

No soy psiquiatra, pero conozco de psiquiatría; no soy psicólogo, pero me encanta la psicología; no soy filósofo, pero sé de filosofía; los textos publicados por expertos en cada una de esas materias te brindan un sinfín de posibilidades. Por consiguiente, antes de averiguar por un entrenador deportivo o nutricionista, debes buscar ayuda en un terapeuta orientador y así lograrás resultados sorprendentes y duraderos.

Cada resultado debe provenir de un propósito. Por ejemplo, el propósito de las vacaciones soñadas, es más una aspiración personal a definir y concretar, decidir un destino y reservar para cuando se obtenga los recursos requeridos. Son necesariamente tema de planificación financiera y disponer del tiempo oportuno. El propósito de ahorrar para hacer una remodelación a nuestra casa o cambiar el automóvil; en cuanto al inmueble yo le daría el nivel de importancia de un plan a ejecutar con medidas disciplinarias, esto reservando el dinero y contratando las capacidades técnicas necesarias; en el caso del auto se trata de vender el vehículo usado, disponer del efectivo y darlo como cuota inicial para adquirir uno nuevo financiado. Es típica gestión de micro finanzas familiares, que se consiguen con muy poco sacrificio.

También, el propósito de ir a la universidad y titularse en cierta carrera elegida, constituye un objetivo intelectual para alcanzar un resultado a mediano plazo; con título en mano, a buscar empleo y empieza la siguiente etapa, ejercer la profesión para ir prontamente tras una especialización. Igual vale plantearse un objetivo de formación de manera autodidacta solo para un fin personal o el propósito de aprender una lengua o idioma extranjero, nuevamente forma parte de los retos intelectuales a lograr; en su mayoría las personas lo admiten y menciono textualmente, ¡necesito conversar en inglés para poder obtener mayores oportunidades laborales! Muy pocas veces escucho, ¡es apremiante hablar otro idioma porque voy a montar o instalar una empresa en el exterior!

Hay propósitos que se quedan cortos en la mentalidad de quien los concibe, esta es la razón por la cual los denomino cortoplacistas, porque brindan una satisfacción solo a la misma persona sin involucrar a los demás, no está pensado en un proyecto a largo plazo o de por vida. Aunque ambos necesitan de pasión, entrega y dedicación, sus diferencias son fáciles de identificar.

Así tenemos el propósito de dejar de fumar, apartarse del consumo de las bebidas alcohólicas; si se toma en serio es porque hay consecuencias tanto para la persona como para su entorno más cercano, amenazando y advirtiendo la necesidad imperante de una eliminación inmediata del hábito. Cambiar la rutina de fumar por la de no fumar; la costumbre de beber alcohol por la de no ingerirlo; ellas son una buena decisión y desafío. A los fumadores el propósito brindará resultados favorables, les permitirá estar por más tiempo en el espacio de los vivos, respirar aire puro nuevamente. El alcohólico y consumidor volverá a disfrutar de una fecha especial con su familia, en completa sobriedad y con lucidez mental.

Son propósitos con poca o más dificultad, pero muy valederos y entre más temprano se decidan, por mayor cantidad de años se extenderá su permanencia en la vida. Luego, a reparar las relaciones rotas para con los afectados, esto en el caso de quien estaba en la copa activa; igual sucede con los adictos a las drogas y estupefacientes, les corresponde transitar por el mismo camino y sanar en el proceso.

El propósito de muchos, gracias a Dios, es leer más, este debería ser universal; que cada uno de los habitantes del planeta lo adopte como hábito y reto; solo el conocimiento y la aplicación de la verdad te hará libre y feliz. La cantidad de herramientas disponibles fuera de los recintos habituales de enseñanza es infinita y enriquecedora. Leer, cotejar, aplicar y programarte, conservar la salud mental e ir tras el bienestar emocional, te dará las mayores posibilidades de obtener éxito en lo que decidas como fuente remunerativa, no solo cubrir las necesidades económicas a tu familia es suficiente, prosperar es el camino.

No hay mejor complacencia que, un te amo saliendo de la boca de tu amada y un libro desplazándose de entre sus manos a las tuyas. En mi óptica, "un libro es el mejor obsequio que puedes recibir y, lo más valioso que aspiras regalar". El propósito de dedicar más tiempo a la familia, mi mayor anhelo, ya que de manera recurrente fallo en su cumplimiento. Cuando estoy dispuesto y disponible, el más chico de mis hijos Santiago de cuatro años está asistiendo a la práctica de futbol; en otras oportunidades presto para salir, pero el grande tiene muchas obligaciones escolares que atender en casa. No es tan fácil conciliar las necesidades de todos.

Es mi asignatura pendiente, lo confieso; a mi esposa le dedico tiempo, pero mi agenda me lleva en ocasiones a límites donde me aíslo y la descuido. A veces hago trabajo intelectual como hoy, empecé a las once y treinta de la noche y me estoy deteniendo en estas líneas a las seis de la mañana, pasadas seis horas y media de trabajo ininterrumpido, reconozco que la desatiendo sino a menudo, si en ocasiones. No doy justificativos ni excusas, estas son responsabilidades de adultos, tiendo a moderar, retomo la regularidad y armonizo de inmediato.

Otro de los propósitos a plantearse es obtener un mejor empleo. Son millones de personas las que mantienen esa iniciativa de manera muy recurrente, especialmente en las urbes. Recomiendo que antes de actualizar su currículum o especializarse en un ramo de la ciencia, edúquese con la información más importante y de adquisición urgente; esto es administrar austera e inteligentemente sus ingresos, tomar conciencia de lo finito de la vida y energía que poseemos.

En los años nuevos de los treinta a los cuarenta queremos devorar el mundo y olvidamos que hay personas que se están preparando en este preciso momento para relevarnos, posteriormente pasados los cincuenta años de edad cuando la fuerza física disminuye, debemos concientizar que tan solo nos queda la tenacidad mental. Es conocida la historia de líderes en el ámbito internacional, que iniciaron sus emprendimientos luego de cumplir los sesenta años de edad; pero, ¿no es mejor usar el potencial cerebral unido a la capacidad corporal a temprana edad?

Un empleo mejor te brindará satisfacción temporal, aconsejo que mientras pases por este proceso tomes la mejor decisión de tu vida, de acceso para todos y adquisición gratuita. Dedica tiempo a participar en seminarios, cursos y tutoriales online, donde te ofrecen herramientas valiosas para que luego de medio tiempo de jornada laboral, eches andar un emprendimiento propio. Tú seas quién se deshaga de la cadena de mando y vayas por la mayor aventura enriquecedora posible, la de convertir tus sueños de libertad económica en una realidad.

Me niego a no hacer hincapié, en la importancia de enlistarse en esa fila de emprendedores que con sus productos o servicios piensan ganar una tajada del mercado, aprovechan una oportunidad conquistando un nicho y seguido, lo defienden y se perpetúan con una marca, creada por ti, proveniente de la imaginación y que a mediano plazo permitirá momentos para compartir con tus seres amados, especialmente dedicarte más tiempo de calidad.

Interpreto y trasmigro este propósito por iniciar tu propia empresa. Es sencillo, las cargas se aligeran en el camino, absorbe toda la información disponible y busca asesores justos, que comprendan el período de iniciación en que te encuentras y aporten herramientas sin quedase con parte de tu inversión; busca al más atareado de trabajo ya que será el más efectivo; arriesga en pequeñas porciones y sin demora, hecha andar tu plan. Reúne a personas más inteligentes que tú, pero si alguien viene de un cargo operativo no le delegues el liderazgo, ello es porque la toma de decisiones y dirección de seguro no son lo suyo.

Aprende a supervisar, cuidar, notar como crece y se desarrolla lentamente aquello que era un proyecto; ambiciona, pero sin codiciar; elimina el ego, porque destrozarás toda relación humana constructiva. Reconoce en cada persona, trabajador, usuario o comprador, un individuo con intelecto y sentimientos, a menudo ocupa ese lugar. Siente sus necesidades, anhelos, sueños y en especial sus motivos; ahí encontrarás respuestas a interrogantes, complementa con respeto y amor las falencias y las compuertas del éxito se abrirán.

Lee textos relacionados con el tema administrativo, financiero y en especial de mercadeo, porque tu fin último no es ofrecer un servicio o producto de calidad para pocos, sino masificarlo y hacerlo accesible a muchos. Yo soy vivo ejemplo de ello, regularmente brindo talleres personalizados de forma informal a mis colaboradores. Básicamente espero de esa persona primero, preste interés por aprender; segundo, compromiso por implementar los cambios que propongo; y, tercero, ya con resultados fidedignos, no titubeo para que ascienda al otro nivel; no en la jerarquía de la empresa, sino en la propuesta de la transición de ocupar un puesto de trabajo a trasladarse al emprendimiento lucrativo.

Son oportunidades para colaboradores perfilados como líderes, no obstante, les cuesta desarraigarse de su zona de confort, pero si logran la motivación y el enfoque vencerán los miedos que los mantiene atrapados al engaño de un empleo fijo. Tómatelo con calma, no te lances al vacío. En tu tiempo libre arriesga solo un poco, así conocerás si la independencia financiera es o no para ti, tampoco busco presionarte a tomar medidas drásticas.

En resumidas cuentas, pronto entendí que el éxito obtenido quería impartirlo a muchas más personas. Ya con auto edición online se rompen barreras arcaicas implantadas por editoriales tradicionales y el contacto escritor-lector se hace directo y casi en tiempo real. En el escritorio y frente a una portátil, me dedico casi en exclusiva a compartir mis experiencias, las que funcionaron y advierto sobre las que no, me actualizo cada día y hora. Mi objetivo es apreciar mi logo empresarial marcado en cada uno de los ejemplares que escribo y pueda licenciar para que más tarde se convierta en una marca de éxito, mientras yo conservo la humildad asegurándome los pies sobre la tierra.

Hoy disfruto de privacidad, la cual en pocos años estoy seguro perderé al hacerme persona pública y reconocida, por la calidad de contenido de mis publicaciones; tendré que asistir a ferias del libro en el ámbito internacional, delegar y autorizar a personas y empresas para que hagan el trabajo de distribución por mí. De algo sí estoy bien claro, en relación con un ente editorial a quien le otorgaré los derechos exclusivos sobre la reproducción y distribución de mis productos. Ya todos los panoramas posibles están en mi agenda mental. No dejaré que absolutamente ningún contrato firmado disponga del tesoro y diamante más preciado con que cuento, el tiempo para dedicar a mi esposa e hijos. Usaré herramientas, encomendaré responsabilidades, pero no busco hacerme esclavo de mi invento, al contrario, mi meta es ser cada día más libre.

Estimado lector, te invito tan solo a considerar la idea de pensar en grande, si ya lo hiciste te felicito, si no es el caso es buen momento para comenzar. En lugar del propósito de buscar un mejor empleo avanza con la idea de ir construyendo de a un paso a la vez, crea tú propia empresa, en lo que te apasione y te diviertas haciendo, cuestión que no sientas que es un trabajo sino una oportunidad creativa, emocional e intelectual de fundar un nuevo destino.

PROPÓSITOS ALTRUISTAS

Estos propósitos son los que añaden más valor y beneficios a una vida, en el dar está el secreto; ellos tienden a buscar el bien de las demás personas sin un interés de por medio. Voy a ejemplificar el término desde un punto de vista renovado, considerando que altruismo es aportar, dar tiempo, capacidad o recursos a un ente que presta servicios o apoyo directo a personas menos favorecidas, generalmente en situación vulnerable.

Aquí empiezo yo, el hecho de apoyar a un colaborador con créditos libre de interés para apalancar o resolver una necesidad, es altruismo. En ocasiones me pongo a la orden para con ellos y ofrezco recursos en efectivo, bien sea para emprendimiento o consumo; dirán ustedes, pero si tiene buenos trabajadores, ¿para qué los enseña a emprender sabiendo que a corto o mediano plazo va perder ese capital humano? Mi respuesta es sencilla: soy un educador, he descubierto y me hace feliz enseñar temas relacionados con las finanzas, la administración, el mercadeo y un poco de psicología también.

Es un plus que descubrí, más que lograr ingresos elevados, ventas récord o números acumulados en divisas, sentía pasión por aconsejar a cada uno de mis empleados, para que tomaran decisiones inteligentes cuando notaba que se acercaban a abismos. No era capaz de callar ante una realidad, aunque no era mía quería formar parte de la solución, llanamente aportando herramientas desde la información, o con recomendaciones, opiniones o sugerencias. Es necesario abordar al individuo desde todas sus facetas, en él puede predominar su yo niño o adulto. Regularmente afirmo, les hago saber sobre su poder de libre elección para continuar en un pozo o salir de él, esto es altruismo. Aunque no me reditúa económicamente, me complace de tal forma que complementa mi vida con los más altos niveles de motivación.

El hecho de estar transmitiendo aquí y ahora este cúmulo de conocimientos, me llena de realización porque sé que en cada uno de ustedes mis estimados lectores, yo estoy plantando la semilla de la esperanza por una vida y futuro mejor, que es el anhelo superior de la mayoría quienes habitamos este planeta. Habrá períodos de descarga gratuita para las personas con dudas. Los que deseen brindarme la oportunidad de formar parte de sus vidas y apoyar a la cadena de hombres y mujeres que formamos parte de esta empresa, podrán acceder a la compra física u online de contenidos.

Encontrarás precios muy bajos en mis propuestas. Mi visión no es enriquecerme mañana mismo colocando costos elevados, no, no, no; busco y es mí objetivo llegar a cuanto lector con necesidad de orientación y herramientas pueda afectar positivamente, pues voy tras las masas. Es mi voluntad si mi creador y socio lo respalda, vendrá un conjunto de publicaciones con enfoque transformador y liberador. A la providencia le entrego mi destino, pero yo estoy programado y enfocado en completar mi parte.

Desde chico me apasionó servir, dar, compartir, me sentí siempre aventajado frente a los demás; así fue desde tutoría a compañeros en la primaria enseñando matemáticas, hasta aquí trasmitiendo conocimiento trascendental uniendo teoría y práctica. Hoy me dirigido hacia las llanuras que transito, es terreno plano para convocar a todos los deseosos por mejorar en cada una de los aspectos que comprende la vida: relaciones, trabajo, sociedad y por último la más importante, la familia. La mente altruista no conoce la palabra sacrificio, le da otro contexto porque es tarea que brinda placer y orgullo realizar. Es algo que se desprende de las fibras más íntimas de su ser, así que en lo último que piensa es en calificar la dedicación al propósito como obligación, en su lugar lo determina como una misión por completar mientras viva.

La empatía que desprende de su energía lo diferencia de entre los demás por su calidad humana y desinterés. Soy amante de aportar a causas nobles, enemigo de dar a vos populi; trasmigro a las emociones del otro sin señalar ni cuestionar, solo me dedico a buscar oportunidades para servir, desde luego el beneficiado no puede albergar sentimiento de pereza ni flojera. Mi tarea es dar la caña de pescar, doy el cebo y enseño, no proveo el pescado preparado. En este proceso se descarta los adictos a no hacer nada, los que se entregan en la autocompasión, quienes ameritan de otro abordaje desde puntos de vista totalmente distintos.

Cuando tu propósito es ayudar, te comportas como un individuo que ha experimentado la pérdida, el hambre, la soledad y la necesidad, ellas son su génesis, la referencia. Entiende y acepta el dolor que siente el otro como propio, sin atisbo de mediocridad, provisto de sinceridad y plena entereza, capaz de interpretar las emociones que le afectan. Jamás se aliena frente a calamidades para huir de escenarios difíciles, no teme la confrontación con realidades crudas y desgarradoras. Estos individuos son los que constituyen fundaciones, ONG, entes de apoyo logístico y económico. En su mayoría son capitalistas, pero también existimos los complementarios, quienes en lugar de grandes sumas aportamos nuestra capacidad, talentos y tiempo para con trabajo generar el cambio.

Tengo un extra para regalarte en lo que queda de este subcapítulo, ¿sabías que la persona altruista es un individuo que emana escasos sentimientos negativos?; situación que suma a su actitud, no se permite involucrar en procedimientos perversos originados por la ira, ni atisban venganza o violencia. Como resultado son personas que gozan de niveles de estrés muy bajos, se enferman poco, esto le provee de una estructura inmune, robusta y sana. Son privilegiados y llegan con mucha facilidad a una vida longeva. Toma este propósito, solo él te brindará más privilegios, ¿quién no quiere una vida larga y con bienestar, disfrutando de las posesiones obtenidas en el transcurso de su vida?, ¡pues todos! Te doy otra piedrecilla aquí, por estadística los compositores y escritores llegan a una edad avanzada en su mayoría. ¿Quieres saber más?, ahí tienes la alquimia, documéntate que el conocimiento es poder, pero úsalo para liberarte y aprende del dolor ajeno.

El propósito altruista es antónimo del egoísmo; es dar, no quitar; compartir, no acumular; sumar, no restar; ser espontáneo, no premeditado. Todo el que se preocupa por el bienestar de la otra persona humana y repito humano, porque allí yace el campo de acción, en abordar al ser que siente y padece; que necesita y espera; que tiene desocupación, pero no dinero. ¿Cuánto sufrimiento podemos evitar en los demás, haciéndolos entender que su tiempo es precioso y que lo equivocado en ellos ha sido su enfoque? ¿Qué cantidad de vidas salvaríamos a diario?

Conviértete en un multiplicador de este contenido, pero no puedes ofrecerlo si no lo has incorporado tu primero, ¡porque una persona obesa y casi en inmovilidad, no puede hablar de salud física! Te exhorto a enseñar con el ejemplo y hacer del propósito altruista tu objetivo permanente, sentirás el bienestar que te arropará de inmediato. Soy muestra, disfruto de estos placeres y privilegios que dan el dedicar tiempo y recursos para apoyar a los menos favorecidos, los caídos en desgracia, los necesitados con causa; nos alegra el bienestar del otro, como también nos entristece su padecimiento.

El altruismo es hermano de la empatía, la fe, la solidaridad, la confianza y el optimismo. Es la puerta ancha que se abre a la esperanza de un nuevo día, con perspectivas y oportunidades. Esto que hoy siembras en tierra fértil, mañana se reproducirá porque son intercambios que se dan de corazón a corazón, con lágrimas comúnmente entre el benefactor y el beneficiario. Trasladémonos, vayamos por más, las causas nobles son la senda hacia una vida plena y digna de vivir; cada minuto, cada hora dedicada a otros, sumará en abundancia inequívoca.

8

ROMPE EL MOLDE

EL IDEARIO LIMITANTE

Cuanto sale de nuestro cerebro en forma de pensamientos, estructura ideas; estas son la herramienta más poderosa con que podemos contar. ¿A qué definimos como ideario limitante?, no es otra realidad que una prefijación mental de desmerecer, no ser idóneo o simplemente renunciar al deseo por conducirse hacia la concreción de tus sueños; en fin, es todo lo que emocional, intelectual, espiritual y físicamente evita que estés dispuesto a convertirte en un ser humano de logros, de resultados, uno exitoso, una persona con reconocimiento y actitud ejemplar.

La riqueza no es exclusiva de ganar la lotería, recibir una herencia ni sacrificar el todo por el todo; básico y me refiero a la palabra que mencioné, sacrificio. Para los hacedores de realidades, los emprendedores, creativos, científicos o artistas, este término lo transmutan por pasión en lo que hacen, el número de horas que dedican y la energía que invierten, integralmente ello redunda en satisfacción. Es mi caso no escapo de cometer excesos, a veces descuido la autodisciplina y sobrepaso mis horas de dedicación a la creatividad; pero tú no puedes negar a un pez que nade, a un águila que vuele alto, ni a un león que esté en la cima de la cadena alimenticia; ellos son estados naturales.

Romper el molde en el ámbito limitativo en lo referente a la mentalidad es apremiante, bien sea porque lo aprendimos por imitación de nuestros padres, los profesores, quiénes construyeron la formación académica con la que contamos, el mismo vecino, amigo, pariente, etc. Todos pudieron tener influencia. Una palabra por sí misma encierra poder y es el génesis por el cual empezar, para renovar, transformar, hacer las cosas con actitud absoluta y radicalmente nueva. Es el cambio, la conversión del pensamiento de lo negativo y neutral, a lo exclusivamente positivo.

Cito, una serie de elementos básicos a interpretar y son de comprensión elemental. El término miedo: es una precognición de que se puede desprender algo malo de un evento futuro y por tal razón, crea anticipadamente un estado de parálisis en la persona hacia la acción y resolución; estableciendo una negación anticipada a confrontar, solventar y avanzar; el único temor que debemos alojar es no aprovechar el tiempo para continuar. La vida es una dinámica y cualquier aflicción que pretenda frenar ese movimiento, nos detendrá, atascará o creará lastres, por tal motivo el miedoso es proclive a contraer enfermedades psicosomáticas.

No menos importante, definitivamente son los sentimientos o acciones reprimidas, al acumularse empiezan por minar, desgastar, menoscabar tu salud y calidad de vida; cual parásito amenaza, te hace un individuo inseguro, angustiado, desconfiado y negativo. Es tan dañino y posesivo que puede convertirse en patológico. ¿Cómo venzo el miedo? Con valor, siendo atrevido y manteniendo un estado de relajación y aplomo; hay que estar decidido y ser arriesgado. Luego de sanar y transformada cada una de estas emociones congelantes de la acción, tu molde es nuevo, los sentimientos empiezan a canalizarse con otras perspectivas y comienzan a transformarte en un ser con ideas ilimitadas.

Las adicciones detienen el crecimiento integral de todo individuo, llámese el juego, las drogas, el alcohol, el sexo, la pornografía o la comida excesiva; todas cargas que deben transformarse; ese molde es tóxico, nocivo, debes salir de él con inmediatez y urgencia, no es asignatura pendiente es la primera tarea atender hoy mismo. Libérate de amarras que constituyeron en tu vida pasada objeto de críticas, señalamientos, incluso desesperanzas y desconfianza por parte de familiares y amigos. El molde está listo, es totalmente nuevo y diferente, allí brilla la lucidez de pensamiento, la claridad y el enfoque diáfano de tus acciones; dejas una estela de cambio y evolución que a los cercanos produce no menos que asombro. Complementas y diversificas tu tiempo correctamente entre lo más valioso y sensato.

Siendo así, primero, empieza asumiendo o renovando un sistema de creencias, acompáñate de un mentor que te asista por si en algún momento flaqueas en la evolución de los cambios tan radicales que adelantas. Y como segundo paso dedica momentos a la familia porque es fundamental; conserva relaciones sanas y constructivas con tu esposa, hijos, hermanos, padres, abuelos y demás parientes.

Es necesario como punto de partida y origen de la sanación, el reconocimiento y el perdón; no puede haber cambios con ego sino con humildad; no con mentiras, pero si con verdad. Para lograr una transformación permanente debemos entregarnos con toda nuestra energía disponible, son cambios para el resto de nuestras vidas, el pasado queda atrás donde pertenece. En el presente en recuperación y construcción solo habrá éxitos que darán orgullo, ejemplo y atraerán con empatía, a futuras personas que aún yacen atrapadas y cautivas en ese veneno consumidor llamado adicción; obvio, los impulsarás al cambio y bendiciones llegarán.

Buscas una dirección sin retorno, ¡la recuperación!; tu vehículo llamado cuerpo no reconocerá la palabra retroceso, porque su vida solo se conducirá por sendas de dicha y fortuna. No digo que no haya dificultades en el proceso, pero encontrarás las herramientas oportunas que permitirán avanzar; tu molde nuevo forjará un ser humano que imita la perfección, exhibiendo propósitos, repleto de motivos, porque estás en reforma y esta atraerá.

La depresión es una de las causantes de más actitudes restrictivas, ya que inmoviliza de modo casi permanente el deseo por seguir en el itinerario, encaminado en la rutina, peor aún y más contraproducente alienta aplazar o abandonar las obligaciones y responsabilidades que toda persona ejerce en su diario vivir. El cambio y humor vulnerable le hace aislarse, produciéndole la sensación de incapacidad para enfrentar situaciones completamente manejables y llevaderas. Es necesario acudir a consulta especializada para determinar el trasfondo y contexto, así ayudado contar con elementos de apoyo para reponer y renovar su ímpetu, incluso cuando hay de por medio tratamiento con fármacos. Yo estoy medicado de por vida con otro diagnóstico y ello no me avergüenza.

Existen múltiples posibilidades para salir de esa vida sombría a la luz, entendiendo que la depresión podemos reemplazarla en nuestro yo interior, por un término menos acusador como desánimo o desaliento. Cambiemos estrés y ansiedad, por vocablos proactivos y renovados, expresiones como ciclo de cansancio mental que amerita descanso; espacios de tiempo a detenerse y dedicar a la reflexión y meditación, donde haya rutinas que permitan liberar tensiones. Hagamos una planificación efectiva. Existen infinidad de instrumentos impulsores motivacionales, como mensualmente destinar una porción de nuestro ingreso para sumar ahorros y cumplir con las vacaciones soñadas.

A romper el molde, que la palabra depresión sea prohibida en tu ámbito familiar, tan solo tendrías que tolerarla si es mencionada por tu psiquiatra. Sacarás provecho de tu estado de salud y comprenderás que, esa limitación será la compuerta que te dará ingreso a un sinfín de oportunidades.

Darás más valor a cada día, a cada relación, querrás comerte al mundo porque la vida recobra un nuevo significado.

Tengo dos ejemplos a ilustrar para dar asidero al contenido de mis palabras: el primero, un buen amigo médico, luego de sus treinta años de edad, un día cualquiera comenzó a convulsionar; a partir de exámenes y pruebas exhaustivas le diagnosticaron epilepsia recurrente, lo medicaron de por vida. Rafael me comentaba —Javier, no he hecho cosa diferente que dar más valor a mi vida, mi enfoque y actitud mejoró—, su limitación lo propulsó a nuevos estudios y aspiraciones, hoy se especializa en Neurocirugía en una Universidad de la Capital.

Como segundo ejemplo he aquí a su humilde servidor, Javier Osorio Barajas; mi padre murió de Alzheimer. Cerca de diez por ciento de hijos podemos genéticamente heredar ese padecimiento, aunado a esto a los cuarenta y cinco años me diagnosticaron y asociaron una serie de conductas que tengo al Trastorno de déficit de atención e hiperactividad (TDAH), temática que cambió mi vida 180 grados. Cada día junto a mi familia es mi mayor regalo y servir mi único propósito. Superviso mis emprendimientos por pocas horas, pero todos los días de la semana, una buena parte de mi tiempo lo destino en mi oficina en casa, dedicado a esto que quiero legar a millones ¡conocimiento transformador!

Tengo la ventaja de poder continuar desarrollando mis proyectos inclusive cuando me quiera trasladar a cualquier otro país, solo requiero dos simple condiciones: silencio y soledad momentánea; eso sí y lo menciono, acompañado del socio de vida y proceder, mi Dios. Tengo riqueza, comprendida por una esposa a la cual amo y unos hijos de quienes me ocupo y a los cuales les dedico tiempo. Todo esto muy seguramente no fuera posible si no hubiera reconocido mis limitaciones, pero las usé para catapultarme y más que dinero, construyo una vida larga con salud física y mental, ese el diamante que tengo por recoger. Es el nuevo molde, donde se asientan estas ideas, canalizo el presente y me enfoco en el futuro.

Te presento un molde genérico, aplícalo si eres vulnerable a cualquiera de estos gérmenes que afectan a buena parte de la población y son la pereza, la culpa, la vacilación, la frustración, la ira, el enojo, los celos, la gula, la soberbia, la envidia o el apego; absolutamente todos fueron y serán dominados por el centro decisorio sobre nuestras acciones, llamado pensamiento. De él proviene un ideario liberador, con capacidad para soltar a cada uno de los lastres anteriormente mencionados, al desatarlos podrás permitirte progresar.

Escuchar música clásica, profundizar y orar frecuentemente es accesible para todos. Si no sabes empatizar aprende, te librará de la rigidez mental. Es hora de servir, visita al enfermo, apoya al necesitado; desarrolla la conciencia por sobre la emoción; la reflexión frente al impulso. Este molde renovado será irrompible; está destinado a desplazarte hacia la cima del saber y brindará la luz permanente para esquivar amenazas. ¿Qué otro aporte puedo brindarte al terminar mi jornada, hoy domingo a las seis y treinta de la mañana? Que la vida es un transitar entre cambios, hay que estar dispuesto a esperar y enfrentarlos, nada es permanente absolutamente todo es transitorio. Si tu centro de aprendizaje se instaura en lo aprendido por el sufrimiento ajeno, significa que captaste este mensaje por completo y lo incorporas en tu vida rutinaria.

Decídete a romper el molde, renueva tus ideas, los pensamientos generan transición, no en vano se escribió: "buscad perfeccionar, a través de una mente en renovación". Claro y conciso, cambia el molde de tu ideario limitante por uno libertador. Esas ideas que caracterizan tu proceder son permeables, permite en ellas la innovación. Vive en el hoy no en el ayer, que la abundancia la puedes apañar a partir de la transformación. La mente vive y está ahí para dominar y controlar todas las emociones que afectan al ser humano; decidiendo el mejor uso y sacando el mayor provecho de ellas, para direccionarnos con perseverancia hasta el desarrollo y crecimiento.

EN LAS RELACIONES Y LA FAMILIA

A nuestros interlocutores debemos dedicar tiempo suficiente, para escuchar especialmente cuáles son sus anhelos, necesidades o quejas, porque somos seres en busca de la perfección constante. Necesitamos nutrirnos de la crítica y de las opiniones ajenas, incluso para que cada encuentro con nuestros consanguíneos sea provechoso, en un clima lo más armonioso posible, ya sea para tratar con puntos de vista símiles o con diferencias; todos, aunque los desestimemos a veces, traen aportes importantes para contribuir con nuestro crecimiento.

¿Es tu talón de Aquiles, la dificultad para relacionarse correctamente con miembros de la comunidad, amigos o familiares, en situaciones en las cuales difieren de su pensar y actuar? A romper ese molde de manera inmediata, te exhorto a tomar medidas rápidas y justas, ten contacto cercano con el ente Superior al que acudes en momentos de dificultades. Si aún no encuentras el coraje suficiente, traslada tu pensamiento a espacios más elevados de comprensión; porque eres un individuo dotado de sabiduría, con capacidad para afrontar y no aplazar ninguna decisión o encuentro reparador y armonizador de relaciones en riesgo.

Tengo un breve, pero reciente ejemplo que aportar como líder de equipos de trabajo y ejecutivo; tomo decisiones que logran recuperar el equilibrio y el curso normal en situaciones inflexibles. Soy canalizador de encuentros proclives a restituir la buena comunicación, cediendo espacio, tiempo y recursos para alcanzar resultados positivos en la reconstrucción de relaciones pausadas o peor aún, rotas. Recuerda que perdiendo se gana; aplazando se avanza; cediendo se conquista.

Había una situación donde mi madre, con setenta y seis años cumplidos no supo administrar sus recursos en condición de ahorro, luego de haber enviudado de mi padre. Yo tomé el control y le suministré todos sus medicamentos prescritos en su tratamiento médico y de consumo inalterable, su proteína animal y vegetal, también el aporte a seguridad social. En un determinado momento, ella tomó decisiones financieras apresuradas y poco conscientes, como resultado su dinero disminuyó casi hasta extinguirse.

En una de mis visitas mensuales en la que le llevaba los suministros para treinta días, ya al momento de abordarla para darle un abrazo, ella me lo negó; percibiendo una actitud hostil de su parte le pedí que expresara sus razones o motivos. Así fue, dando excusas y con señalamientos hacia mí, haciéndome responsable de algunos errores en su toma de decisiones, cuando se acordó amable y amigablemente distribuir los recursos producto de la venta de un inmueble, el cual formaba parte de la sucesión.

Al dinero lo considero comparativamente como a una mujer en estado de gravidez, que debe cuidarse y atenderse para que se pueda reproducir, segura y perfectamente; es una óptica muy personal la que comparto. Los recursos monetarios corresponde ponerlos en forma dinámica a ejercitarse, para que rindan resultados, se incrementen en nuevos y abundantes ingresos. En mi peculiar forma de ver y concebir el capital, como medio para rotar más productos en economía de escala, prestar servicios masificados y lograr rentabilidad creciente.

Fue cuando mi madre me culpó por quedarse corta en lo concerniente a cubrir sus gastos cotidianos, por consiguiente, era menester que yo le supliera ese déficit a partir de ese momento. Confieso que inicialmente lo tomé con molestia poco moderada, porque dinero que se queda quieto es como agua estancada, acelera la erosión y causa deterioro, en este caso la plata que se hace objeto de gasto, no fluye hacia la multiplicación ni expansión. Pero lo que me afectó categóricamente fue la forma, su actuar emocional, rechazándome para cumplir su cometido a través del desprecio y apatía.

Me costó varias semanas no lo niego, cumplí con su demanda de cantidad extra y más, pero no lo había superado. Llegó el momento y decidí ¡a romper el molde!; opté por acudir con mi terapeuta y psicóloga. Di mi brazo a torcer, ya que en especial este tema amenazaba con apoderarse de mi tranquilidad; luego de una cita y catarsis por una hora y cuarenta minutos con la especialista, decisión tomada. El molde nuevo que me esperaba era reparador, curador, grato, se encarrilaba a tender puentes entre una madre y su hijo para reconstruir la relación que se encontraba bastante afectada.

Hablaba con la licenciada, exteriorizaba todo, el génesis y solución del problema. Realmente era cuestión de poner manos a la obra, el contexto o trasfondo que rodeaba la situación era el siguiente: mi madre sabiendo que soy la persona cercana con más logros verificables y carácter sólido de entre sus hijos, un solucionador reconocido. Ella entendía que su demanda encontraría respuesta positiva y usó el método que halló como idóneo para conseguirlo, ser indiferente y mordaz, en vez de usar timidez razonable al aceptar sus excesos financieros; se apoyó en su condición de madre para subyugar mi esencia emocional y lograr su objetivo.

Yo debatía en mi interior, no era la forma correcta, el mismo efecto habría logrado sincerándose con solo un poco de humildad de su parte. Contestación semejante conseguiría y la solución a sus necesidades las tendría cubiertas, pero fue su método y lo hizo, poco inteligente y muy dañino. Este es el punto resultante de mi encuentro terapéutico, realmente fue mi propia respuesta, por mí condición de introversión conservaba esperanzas de que mi madre reconsiderara su actitud y conciliara, cuestión que nunca haría.

Bueno, decisión tomada y acción efectuada, pasados un par de meses la visité junto a mi esposa y niños para que ellos disfrutaran de su abuela y la abordé con un fuerte abrazo que se repitió al despedirnos. Concluí que a los padres no se les puede exigir excusas por sus errores, tan solo es necesario perdonar en tu corazón, ellos son vulnerables y usarán las herramientas que consideran oportunas para lograr sus aspiraciones. Después de despedirnos y mis hijos estrechar a su abuela, se había tendido una plataforma, un nuevo molde constituía las relaciones intrafamiliares.

Comentaba con los chicos en el auto ¡a los padres no hay que señalarlos! Son después de Dios quienes vigilaron y cuidaron de nuestro bienestar e hicieron de nosotros adultos de bien, prósperos. No porque nos dejaron dinero, sino porque nos enseñaron amar el trabajo, hacerlo con dedicación y entrega. Ejemplificaron el amor y compromiso de un hombre y una mujer que concibieron hijos convirtiéndolos en el centro de su universo, para conducirlos y orientarlos de pequeños y apoyarlos de grandes.

Entonces es suficiente con entenderlos, disculparlos en tu yo interior, el molde viejo está roto, en el nuevo la comprensión y comunicación aparecen para cumplir con su parte. Mi más cordial exhorto si te rodea una crisis con tu familia, trata de hallar métodos y herramientas funcionales, caso contrario busca ayuda, de sabios es asistirse de un experto para atender a un problema al cual no haya manera de resolver. No descuidemos las relaciones o peor, no provoquemos un corazón roto. Es indispensable unir, tender canales de concordia aun cuando sea difícil, el tiempo será testigo del avance en esa dirección.

Hay otra anécdota que no puedo evadir de incorporar en este texto: un conocido coterráneo de mi ciudad de crianza, con quien me saludaba amigablemente cuando lo veía. Un día hace poco puso su dedo índice en la base posterior de mi cuello, como emulando un atraco y me dijo, —¡quieto!—, al voltear lentamente lo reconocí y luego de darme una sonrisa, serenamente le hablé, dije —¡Oscar, no es de mi agrado estas bromas!—; sentí un frio atravesando todo mi cuerpo y hasta taquicardia me dio. Soy persona que jamás juego ni uso chanzas para con nadie y menos de esa índole. Le dije, —vete de mí vista y otro día hablamos, se lo que es la violencia y me han puesto más de diez armas de fuego en frente, la espalda y cabeza; así que desapruebo tu actitud, por favor márchate y charlamos cuando me reponga—.

Todos los sufrimientos traumáticos de mi pasado los reviví en pocos segundos, sentí como un cañón frío sobre la nuca amenazaba mi vida. Bueno este conocido decidió romper por sí solo el molde, al día siguiente me visitó y con su mano extendida escuché un perdón saliendo de su boca, paso siguiente se restableció la comunicación con mi paisano. Soy persona que camina erguida por dos razones: primero, hago actividad física y gozo de buena salud, como lo mencionó la entrenadora deportiva de mi esposa: ¡soy un hombre atlético! Segundo, no dejo ningún cabo suelto; estoy dispuesto a romper el molde ya que siempre instruyo a mi intelecto para tomar control sobre las emociones. "Es indispensable derribar muros desde que se están erigiendo, no hay que dejarlos levantar porque se hará más difícil luego y el coste será mayor".

A título ilustrativo también puedo señalar que el acceso de los niños a los videojuegos violentos y alienantes es un muro que amenaza la salud infantil y juvenil. Además, programas de televisión con contenidos subliminales insertados cuidadosa y metódicamente, para que un menor de edad sin supervisión termine adoptando modos y proceder insanos, aceptando o dando por hecho falsas creencias. ¿Quién dijo que los padres no somos responsables de lo que resulta de nuestros hijos para cuando sean mayores de edad?

Por supuesto que somos responsables. El hecho que en muchas economías los padres se separan por múltiples razones, caso especial la inestabilidad financiera generada gran parte por la transitoriedad de los empleos; no quita el nivel de importancia y trascendencia en forjar valores y costumbres sanas a nuestros hijos. Defender la consigna y hacerla dominio del inconsciente colectivo, donde: "los padres no sabemos lo que resulta de nuestros hijos cuando crezcan" ¡es tóxico y nocivo!

Es una arenga irresponsable de quien no se atrevió a romper el molde, se dedicó a imitar y repetir las costumbres socialmente implantadas, como dejar los hijos a cargo de la televisión, los videojuegos y las redes sociales; por supuesto que es el camino más fácil porque te deja tiempo libre como padre. Pero es un proceder egoísta, desapegado; por el amor que das y prometiste a tus hijos desde el día de su nacimiento; son carne de tu carne, sangre de tu sangre. Rompe ese caduco y degenerado molde; hazte cargo de supervisarlos y acompañarlos, para cuando necesiten tomar decisiones sean buenas y relevantes.

Las sociedades son producto de la acción u omisión de padres de familia, no culpemos al sistema ni vayamos a las excusas cotidianas, de no tengo empleo. El punto principal y focal de toda pareja que deciden procrear hijos es velar por cubrir sus necesidades físicas, mentales, emocionales y espirituales. Para hacer de ellos grandes seres humanos; son el diamante a recoger, por hoy, mañana y la eternidad. Un hijo, orgullo de sus padres porque fue bien encaminado; este sentimiento no tiene parangón, no hay valor en piedra alguna que lo iguale ya que es un privilegio, veraz y real. Si queremos mejorar generaciones de chicos hay que romper el molde. ¡Por Dios!

Otra usanza es hacer señalamientos en lugar de asumir la culpa, originada por la vacilación e indecisión; ve tras tus errores, rompe el molde. Repara, reconstruye relaciones, acércate por medio de la concordia, de la hermandad de la tolerancia. Se corcho no lastre, si no reconoces este nuevo molde, retrocede hasta el inicio de este capítulo y por favor reléelo. Es recomendable atender en su mayor parte con soluciones permanentes y perdurables, no temporales. Este es un molde creador, innovador, a él pertenece un cúmulo de ideas a tomar en cuenta, para lograr una sanación duradera en el tiempo espacio. Ciertamente las respuestas y resultados darán fe, de que eliges las mejores decisiones intelectuales, emocionales, constructivas y edificadoras.

Con la modernidad la comunicación se acrecienta de manera online, no quiero parecer arcaico en fin es una buena y rápida forma de relacionarse. Recuerdo a mis once años de edad y esto puede ser equivalente al día de hoy, me reunía con un compañero de clase y buscábamos un teléfono público, anotábamos una serie de números telefónicos de manera aleatoria y a cada uno le asignábamos el nombre de una chica. Con un puñado de monedas en mano empezábamos y en una de esas llamadas que hice pregunté por

Martha, resulta que ella vivía en una urbanización de clase rica; tenía nuestra misma edad, también cursaba el primer grado de secundaria.

Al tiempo de coquetear y lograr toda la información precisa, denominándome como un admirador secreto, nos dio su dirección de residencia a la cual acudimos el día siguiente luego de salir de clases. No pudo ocurrir mayor sorpresa al ver a tan hermosa joven, mi quijada cayó de asombro; recuerdo que tartamudeé, después tomé control sobre mi conducta y esta fue la primera de incontables visitas. Su amistad se limitaba por el hecho que yo vivía en un barrio en las afueras de la ciudad, así que estaba cohibido de compartir frecuentemente hasta que no tuve opción que distanciarme.

Hoy en día las redes sociales fomentan niveles, estándares de belleza muchas veces inalcanzables, fotos e imágenes retocadas. En los textos cabe cualquier información verdadera o falsa, la cual busca captar a una posible persona carente de amistades y compañía, ávidos de comunicarse, quizá con estima a menos. Es moda con lo que se lidia ahora, lo bueno se toma, lo malo se desecha; no todo es malo, tampoco es bueno.

El molde viejo está en ignorar el tema, el molde nuevo y más difícil, te sacará de la zona de confort; es supervisar los contenidos, seleccionarlos, educar con claridad a nuestros chicos sobre las razones concretas porque sí y porque no, es aceptado cierto mensaje o videojuegos; esta se convirtió en la gran tarea desde inicios del siglo veintiuno. Las realidades que se asientan en este molde son exigentes, muy demandantes, de constante atención y revisión; no es fácil, pero los resultados a largo plazo bien valen la pena. En los años por venir recordarás estos enunciados con gratitud.

Es de vital importancia mantener una justa administración de los recursos que entran y salen, de la caja chica en nuestro hogar. Desde el primer día en que una pareja decide unirse, bien sea libre o bajo lazo matrimonial es indispensable y meritorio hacer un plan. El ahorrar indefinidamente hace rico al banquero y pobre al ahorrista, por eso menciono claramente: plan de ahorro e inversión. En la ciencia del manejo del dinero no vale ser espontáneo, conscientemente hay que acudir a la organización y planificación. Esto te da un plus como dueño y poseedor de dirección sobre tus impulsos emocionales en lo relacionado al manejo del gasto, dándote más oportunidades y mayores perspectivas de éxito a futuro.

El molde a incorporar, te generará tranquilidad y confianza con ahorros disponibles, un plan de inversión en estudio y próximo a implementarse. La puerta, la gigantesca entrada te llevará a umbrales jamás experimentados como dependiente, empleado o subcontratado. No inviertas en una temática de apuestas en una aplicación online, crea y edúcate en algoritmos y programación; inventa, registra y franquicia tu propia creación. Así sabrás que no habrá fraude de por medio, porque es una iniciativa de un líder honesto, firme y audaz: tú.

Este molde abre caminos, derrumba barreras; tienes el potencial necesario para conseguir resultados sino a mediano, sí a largo plazo. Te divertirás mientras transcurre el desarrollo de tu producto, ya que no abandonaste el empleo y este, da dinero para sufragar los gastos producto de atender tus necesidades de manera austera, aparte que dejarás un remanente para inversión. Las noches y madrugadas al igual que en mi caso son el sostén, en que me apoyo para realizar trabajo extra, quien dará la libertad tan merecida.

La rutina en que transcurre el diario vivir de cualquier individuo, está contenida de gran variedad de elementos que precisan de evaluación con medida y detenimiento. El sedentarismo producto de la no ejercitación, la alimentación insalubre conlleva al sobrepeso, derivando como resultado relaciones sexuales en riesgo y dormir de baja calidad. Define un molde donde esté destinada una porción de tiempo agendada para la rutina física, la nutrición sana, el sueño reparador; es básico, hazlo hábito y verás los resultados a partir de uno o dos meses.

Hace una semana compartía con mi esposa un café en una panadería, al servirlo me proporcionaron dos papeletas de azúcar, ella vertió una en su taza, yo en cambio lo bebí sin dulce y me pareció muy sabroso al paladar; mi sistema intelecto emocional ya ha asumido este hábito, no resulta nada difícil mantenerlo. Igual sucedió un día en casa de mi madre, me obsequio una taza de chocolate con dos tajas de pan y una porción mediana de queso, de igual manera rechacé el último, mi cuerpo no acepta ningún derivado de lácteos esto para conservar mis riñones en buen estado.

Cualquier comida que es perjudicial, créeme, aunque atraiga visualmente mi mente posee control sobre lo que puedo o no permitir en mi ingesta alimentaria. Lo llamo programación, el molde que decidí para mi futuro y el objetivo final es obtener un cuerpo libre de dolencias y enfermedades, absolutamente todas evitables. Simple, sencillo, la acción en lugar de la omisión. Un craso error se comete con frecuencia, es la dieta yo, yo. No vayamos por las ramas; si tu carro se accidenta buscas un mecánico; si un diente se te quiebra, visitas al dentista. El manejo de un peso y dieta saludable lo atiende un profesional titulado y preferiblemente uno bien recomendado, denominado dietista o nutricionista. Deja el molde de acudir a recetas empaquetadas, enlatadas, aprendidas en la TV y redes sociales.

Rompe el molde; ve, te pedirán una serie de pruebas de sangre, estudiarán tu tensión arterial, masa muscular y una cantidad de parámetros que servirán para fijar un diagnóstico conforme a tu estado de salud. Este es el molde, no hay fórmulas milagrosas, no existen píldoras maravillosas con resultados instantáneos, es solo Marketing con ofertas poco creíbles y engañosas. Toma conciencia y decide con inteligencia y prontitud.

¡Todo mi tiempo es para el trabajo! Tu cuerpo va en deterioro con ese patrón de conducta y si no haces cambios la salud te pasará factura; la fatiga te llevará a enfermar, el sobrecargo de tiempo dedicado en exclusiva a una sola actividad resultará en descuido de otras áreas de vital importancia. Ese molde a largo plazo es contraproducente, creará tensiones en la relación con tu pareja, hijos y entorno, aparte modificará tu ánimo para peor. Es necesario adoptar y mantener un equilibrio entre trabajo, familia y esparcimiento; no lo olvides, este molde es universal y de aplicación regular, lo mejor y más importante es que generalmente arroja resultados positivos.

Es apremiante acudir a revisión médica periódica tanto en las damas como en los caballeros, para realizarnos pruebas médicas de descarte. En la mujer sus senos, el útero; en nosotros la próstata, los riñones, la vesícula. Este molde preventivo nos quitará poco, pero nos dejará mucho, en especial la tranquilidad de contar con cierta garantía de tiempo con salud para dedicar y disfrutar ¡del ejercicio de la vida!

¡Reciclar no desperdiciar! Se ha convertido en una urgencia para cada habitante del planeta. Es de conciencia colectiva asumir este nuevo molde, porque las siguientes generaciones merecen un entorno favorable donde respiren aire fresco, beban agua potable, consuman carnes saludables y vegetales libres de pesticidas.

Por favor, no se refugie en los juegos de azar para pasar el tiempo: "el que apuesta por necesidad pierde por descolocación". El dinero se reproduce trabajando, ahorrando e invirtiéndose; este molde mundialmente conocido, pero poco aplicado debe esparcirse como lluvia sobre la Tierra. Todos merecemos más tiempo para brindar a los seres que amamos, e independencia para dedicar a obras benéficas y de valor motivacional. Solo esto lo da tu empresa, dirigida por personas capaces y delegables, ¡únicamente se logra así!

Pensar demasiado en envejecer genera preocupación e incapacidad para mantener la mente en calma; crea desgaste, inclusive detiene la acción y lleva a la parálisis, aparte de influir en el ánimo y determinación. Rompe el molde y pon tus pies en el presente, el futuro es donde está la meta, solo eso; el hoy es precioso como diamante, donde se encuentran los pequeños avances, crecimiento que da orgullo y satisfacción. Es importante tener estímulo intelectual, como anécdota hay documentales de desarrollo y empoderamiento personal, algunos duran más de una hora, he visto y escuchado cientos de ellos; motivan, agitan mi mente, reordenan mis pensamientos, aclaran mi enfoque y visión. Es un molde para el éxito.

9

LAS ANALOGÍAS

LA PERSONA ANALOGÍA

En este subcapítulo es preciso abordar con gran prestancia en los detalles, acerca de una condición que define a un individuo atento, con disposición permanente y persistente por encajar en determinado entorno. El encasillarse dentro de un grupo con similitudes es apremiante para él, su lugar de confort descansa en lo estable, seguro y regular; sin modificaciones ni alteraciones; sin sorpresas ni asombros; es un magnífico seguidor a tiempo que se muestra cortés. Vive relajado, no criticable en momento alguno, disfruta de la vida ya que va a su propio ritmo por consiguiente goza de buena salud. Se siente conforme, atribuye la realización a logros personales a su vez valiosos.

No piensan en un mundo con ideas macro, transformadoras, prefieren afectar positivamente solo a su entorno más cercano. Aunque de pensar agudo son fuertes competidores por un puesto de trabajo, mejoran para adaptarse a los cambios resultando muy bien posicionados. Recurren a herramientas de liderazgo compartido, en lugar de individual, son grandes personas que quieren sobresalir de entre las masas; recibir el reconocimiento debido y justamente remunerado, producto de su esfuerzo, constancia y perseverancia dentro del sistema al cual pertenecen. Son ahorristas, esperanzados en jubilarse para luego de cumplido ese ciclo disfrutar de un retiro holgado y con privilegios. En la seguridad está su génesis y ocaso.

Me rodeo de valiosos seres análogos, a diario se levantan a cumplir con su deber, con puntualidad finalizan sus obligaciones, son ganadores de recompensas. Adaptados a su ritmo y hábitos donde lo permanente da razón a sus vidas, la cotidianidad se nutre los fines de semana con parrilladas en casa; jugar fútbol o disfrutar de canales deportivos en TV. Hacer un viaje de vacaciones familiares cada cierto tiempo les atesora recuerdos para la posterioridad; en fin, disfrutan de las mieles del vivir cómodo y estable, con presupuesto atado a breves o ligeros cambios, más no abruptos, pero con gran certeza.

El mejor logro es conquistar un título, graduarse, mejor aún hacerse un autodidacta permanente; la mayor herencia dejar a sus hijos con preparación universitaria y para la vida. Ellas son las bases sólidas y garantía de que sus muchachos ya de grandes podrán arreglárselas solos, buscarán un empleo y transitarán por la vida capoteando realidades, enfrentando desafíos económicos y timoneando su generación por el mismo sendero demarcado por sus progenitores; al menos ese fue su deseo. Son carismáticos al adaptarse rápidamente a un entorno laboral; es muy importante para ellos y su campo de desarrollo y expansión, quizás no es tan divertido como para las personas timón, pues miran el reloj demasiadas veces para contabilizar el tiempo que resta para el término de su jornada laboral. El viernes es el día para sonreír, sinónimo de que casi concluye la semana.

Los planes para el sábado y domingo ya están fijados. Son excelentes coordinadores de reuniones sociales, encuentros familiares, celebraciones extra laborales; aunque no acuden al sistema de seguridad social como refugio para evadir trabajo, si se sienten blindados ya que es primordial en su ecuación contar con asistencia médica de calidad. Es confortante concluir un año sintiéndose a gusto con lo que haces, con los avances en el área profesional e intelectual, con aportes destinados a sumar esfuerzos en el mejoramiento de tu ambiente laboral, contribuyendo para hacerlo próspero, destacado, siendo estos elementos garantía de estabilidad futura para avanzar en el campo individual y, así estar colaborando con tu valiosa participación, a perpetuar esa relación como coequipero sobresaliente.

Eres notable y apreciable, pagas tus impuestos a raja tabla, cumples con tus compromisos, eres un ser humano del hoy y para hoy. Excelsa forma de ver y enfrentar la vida, sin ironía y con autenticidad; son los sembradores, hábiles para abonar el terreno, cautelosos, previsivos y sabios, realmente personas maravillosas. Es un gusto y honor contar con tan magníficos seres humanos; sin ellos, sin las personas de pensamiento y actuar semejante, no existirían las masas, no habría la demanda por nuevos productos y mejores servicios. Les encanta renovar su teléfono inteligente con poco menos de un año de uso, quieren estar lo más aproximado a la moda y vestir lo reciente. Cambian, se definen como proyectistas de fin de mes.

El individuo análogo prueba, compara, diferencia lo nuevo con lo existente y define si hay un valor agregado, si existe ventaja comparativa. Son los consumidores eficientes, metódicos, inteligentes, a veces presas del impulso y aunque poco, también le dan prioridad al capricho por elegir algo moderno. De nuevo me siento halagado y privilegiado de contar con amigos, ellos constituyen las mayorías, son el objetivo del mercadeo, de las ofertas y descuentos. Casi todo el tiempo hago experimentos en mi laboratorio de ensayos, colocando productos para atraer a mis apreciados análogos; para que eliminen y consuman artículos que han caído en poca rotación, que deben salir de inventario inmediato y una estrategia después, objetivos alcanzados.

Mis estimados análogos son cazadores de oportunidades, acechando por doquier productos de consumo, para aprovisionarse para tiempo después o simplemente porque el precio no era de ignorar y a futuro resultará en un buen gasto. Son positivos en sus finanzas, ganan bien y especialmente gastan con moderación y acierto. Encuentran en las vidrieras su centro de atracción, comparando, esperando el cambio de temporada, con llegada de nueva colección para aprovechar el remate de la anterior. Aprecio grandemente a estos ciudadanos de primera, cuento con muchos de ellos como parte de mi equipo, los diferencio porque por más que les exhorto a ahorrar e invertir, regularmente renuncian a ese esquema y se quedan en su lugar de comodidad, ¡ahorrar gastar!

En una ocasión me produjo risa cuando una de las chicas que laboran conmigo me proveía unas deliciosas conservas de arroz con coco y al pedir su producto con simpatía en su rostro me contesta: —es que llego muy cansada para prepararlas luego del trabajo—. Otra también muy apreciada colaboradora me surtía de un preparado espectacular, compuesto de pedacitos de fruta y de atracción visual sin par, llamado tisana. Bien la pregunta, —¿qué pasó que no volviste a despachar mi pedido semanal?— Su respuesta fue —es que no me queda tiempo—, con rebosante sonrisa de oreja a oreja. No continúe transfiriéndole mi chip, no a todos les gusta el riesgo como a mí; lo nuevo, lo diferente, los cambios, lo atrevido y desafiante.

Las acepto, las aprecio mucho y ellas lo saben. Todos son muy valiosos para mí, con su incalculable aporte me permiten experimentar métodos psicosociales; implementar estrategias y cambiar modelos relacionados al mercadeo. Mejor aún, cuento con tiempo libre el cual dedico a esto que hago hoy, transmitir a través de estas páginas conocimiento puesto a prueba, fidedigno no rebuscado; para sumar valor a ti amable lector, quien me bendices al permitirme esta maravillosa oportunidad de comunicarme y resaltar otras formas de ver y asumir realidades, siempre desde un enfoque constructivo.

LA DIVERSIDAD

Aquí es donde se pone a prueba y fijan los estándares que rigen las tendencias a promover productos, lo actual por parte de fabricantes y los modelos a seguir. Notoria es la puesta en publicidad, grandes marcas y diversos recursos de esquemas multicolor en latas, o envases, con logos de variados tamaños, de manera directa o subliminal. Los invito a aceptarlos, no podemos quedarnos a espaldas de la generación y diversidad de género, donde las analogías para generar desprecio no tienen cabida aquí. La esencia, el derecho a la vida y a la libre elección, en cuanto a la orientación sexual debemos canalizarla correctamente.

Para no ir muy lejos, ayer cumplía años mi hijo mayor, él está en etapa de adolescencia y salimos de compras. Al detenernos en una cafetería luego de sentarnos todos como familia, señaló en una vitrina y lo notó primero que yo, dijo —mira papá, el empaque de aquellas galletas—, aunque me costó detallarlo pude comprender el mensaje y hacer la lectura correcta, sin cuestionar. La sociedad misma se halla en una transición, donde se publicita la tolerancia, el no señalamiento hacia las elecciones sexuales libres, diferentes a las convencionales.

Esta es mi ruta, cada quien es producto de su entorno y no es ni será mi posición tomar postura diferente del respeto por la dignidad humana. Cada individuo debe tener en la ¡tolerancia! la mejor aliada de observación, para aceptar y tratar con ese enfoque la realidad.

LA CAPACIDAD MENTAL

Esta retórica a mencionar en adelante busca como objetivo el desarrollo del mayor procesador de información que es nuestro cerebro y en la era que nos encontramos con las herramientas digitales se hace más fácil enfrentar retos desafiantes. Es apremiante desconectarnos de la comodidad y buscar cruzar los límites, acelerar la manera en que adquirimos conocimiento para la liberación y el progreso. Tendemos a emular artistas que han alcanzado fama y fortuna, a actores de cine y TV que simbolizan mucho. Son emblemáticos por su comportamiento fuera del escenario de grabación, no escapan los polémicos y cuestionados, pero todos ellos se quedan en nuestra psique como ejemplo de logros y fuente de inspiración. Yo los empujo y les digo, ve siempre por más.

El que imita nunca iguala, pero el que inventa y se auto construye siempre supera. Esto cabe para todas las áreas, las ciencias sociales, las tecnológicas, los estudios económicos o los desarrolladores. Los Thomas Edison están en proceso de resurgimiento, lentos al principio, pero despuntarán y lo menciono en particular porque son ejemplo de altruismo. Donan, comparten sus fortunas y ello aparte del legado tecnológico, donde dejan muchas cosas positivas para emular.

Se creador no usuario. Hace pocas semanas un colaborador cercano me confesaba que había perdido una suma importante en un programa digital, orientado por un pariente quien creía en fórmulas digitales instantáneas que redituaría de inmediato y en grande; no fue, ni es así. A todos los que decidan invertir en negocios online los invito a que, en lugar de poner sus ahorros en la apuesta de otro, primero hagan un curso práctico de emprendimientos digitales; comprende alrededor de quince capítulos, lo concluirás en no más de dos semanas; prontamente haz uno avanzado de programación y algoritmos, tardarás igual tiempo, lo corroboro por mi propia experiencia. Finalizado tendrás la capacidad de convertirte en desarrollador de productos y servicios, en este punto buscarás inversores de riesgo que quieran apalancar la propuesta. En lugar de aventurar en la iniciativa de otro, los demás colocaran su dinero en tu opción.

El riesgo disminuye exponencialmente, harás alianzas y te asesorarás de personas que complementarán tus deficiencias y simple y llanamente avanzarás. Tengo varias propuestas tecnológicas que por razones obvias no puedo contar, hasta no tener una maqueta, muestra o prototipo, ya protegido con registro de propiedad intelectual en mano; ahí se hará público, no podría hablarles de pan si no fuera panadero. Es el ejemplo el principal motor impulsor de la creatividad y dejo esa pequeña inquietud para los insaciables de conocimiento como yo, para que no titubeen en el momento de ir más allá. Todos los autores en su gran mayoría promovemos el crecimiento y desarrollo del ser humano en toda su integridad: mente, cuerpo, emoción y espíritu.

Así que toma de la fuente que te brinde más empuje y avanza hacia la conquista de lo nuevo y por desarrollar. Las analogías están, enfócate y supéralas. No vayas por igualarlas, ve, alcánzalas, rebásalas, el potencial es tuyo; con la dosis suficiente de constancia y dedicación las puertas se abrirán ante ti. Dale ejercitación a tu mente, con esto te harás más inteligente; es el agente rector, proveedor, nútrelo, bríndale conocimiento. Al igual que tu cuerpo precisa de tres comidas mínimas al día para funcionar correctamente, el cerebro necesita absorber información de manera voraz y no ha habido en la historia humana forma más fácil y directa de acceder a ella.

Ve por milagros, enfócate en hacer que las cosas sucedan, cambia tu realidad de a un día a la vez; eso sí, no comentaras nada a nadie, solo a los seres valiosos de tu entorno más cercano y que jamás harán crítica destructiva alguna. Mientras estés en el proceso, nadie de afuera debe saber en qué inviertes tu tiempo ni cuáles son tus sueños. No olvides que mientras no se materialicen si hablas, no tardarán en tildarte de charlatán. Sé un individuo resultado y habla en la meta luego de conquistada, sí, puedes permitirles a los habladores que se muerdan la lengua y se traguen su saliva, porque el logro te pertenece. Antes de llegar a ese punto solo empuja hacia delante, pero en silencio.

TENACIDAD EMOCIONAL

Si controlas tus emociones dominas tu universo, básico, sencillo; sabemos que el tonto grita, el inteligente habla y el sabio calla. Ese control sobre el instinto es una fuerza impulsora implacable, no permitirá desbordes de ninguna índole ni naturaleza. Fíjate en grandes de la historia, elige, selecciona a tu antojo; hay muchos líderes, campeones que desde niño te inspiraron, te dio deseo de emular, de imitar; a tu héroe favorito, seguramente tu padre después de Dios.

La vida está minada de tentaciones donde hasta el más hábil y preparado puede titubear o flaquear. No es mentira que muchos millonarios y famosos terminan divorciándose de su esposa cuando se les atraviesa una doncella. Les ciega de tal forma que no dan esperanza a la cordura ni al buen juicio para reencaminar su vida; por el contrario, terminan rompiendo y casándose nuevamente, emparejándose con una dama a la cual le lleva diferencia de edad notoria.

Menciono este estímulo porque es el más difícil de someter; ¿cómo hay fuerza tan grande que pueda hacer que un hombre apasionado por su hogar, de la noche a la mañana decida terminar y dejarlo todo?, esto gracias a una fémina que se le incrusto entre ceja y ceja. Es el principal talón de Aquiles para todos nosotros, por eso y para ello están las analogías de lo que se puede, pero no debe hacerse.

Doy en el clavo en este instante, yo mismo la semana anterior fui víctima de tres tentaciones con senos y faldas, deslumbrantes y aterradoras al mismo tiempo; ellas son muy inteligentes, de otro modo no se fijarían en un líder exitoso. Son y transmiten erotismo, pero ahí está el asunto; aléjate, sepárate del mal, porque este se disfraza de múltiples maneras y actúa a través de variados entes. De uno a dos días solo será eso, una debilidad superada en tu pasado y no tienes por qué darle mayor trascendencia de la que realmente merece.

HERENCIA ANALÓGICA

Aquí entramos en terreno escabroso, esto cuando contrariamos a padres quienes pretenden fijar una orientación clara, de dónde dirigir a sus hijos para cuando crezcan. Si son empresarios querrán enrumbarlos por el mismo camino del emprendimiento, audaz y decidido. Si es un jurista especializado, querrá dejar un legado como quizás él lo es de su antecesor; bien, este es el tema a discutir. Continuar o no con lo iniciado por nuestros progenitores, en mi caso soy la segunda generación de comerciantes y la primera de creativos y escritores. Preferí ampliar mis horizontes no abandonando el origen, para ello la experiencia atesorada y acumulada es fundamental.

La primera generación en cualquier área lleva una carga de energía mayor, ya que es el pionero; en ese sentido facilita el esfuerzo para la siguiente de relevo. Tengo una breve, pero muy clara situación que comentar de hechos verídicos y muy claros. Se trata de una empresaria con muchos años en el mercado mayorista de prendas de vestir nacionales e importadas, en una visita en la cual le consultaba precios y productos, conversábamos y salió a flote un tema en particular.

Tiene uno de varios hijos quien estaba por graduarse en Medicina Veterinaria y yo, diáfano como ustedes lo pueden comprobar, le pregunté —¿en que estabas pensando cuando lo apoyaste en esa aventura académica? —, ella me respondió muy tímida, dijo —los hijos deciden solos y deben hacer su vida—. Le objeté y repliqué, —corazón, un chico si no se encamina tempranamente no tiene la mínima noción de entre lo que es más inteligente y lo que resulta más conveniente elegir para desarrollarse en su vida productiva—. Seguí hablando, dije —debiste zanjar sus expectativas en un área afín con los negocios y las mercaderías, llámese administración, economía, finanzas o mercadeo—.

Recuerdo que añadido le dije, —si no preparas a tus hijos para que, ante tu desaparición repentina producto de un evento inesperado, ellos retengan y multipliquen la riqueza que has dejado; sabes que tardarán meses en extinguir lo que a ti te costó años levantar, es simple y elemental; así funciona—. Con el tiempo noté que había un joven al frente de uno de sus negocios y no fue sorpresa en ese momento; llegó ella, mi amiga, dijo —Osorio, este es mi hijo, por favor enséñele, guíelo—. Resultado final, su muchacho no ejercía la carrera y fue a ocupar su lugar natural, la gerencia de esa tienda mayorista. El chico siempre negociaba conmigo, me observaba con mucho detenimiento, como estudiante a maestro no escatimaba en pedir consejos.

Soy un orientador nato, caso contrario no estaría escribiendo sobre este papel para dejar enseñanzas que sean absorbidas por muchos, al igual que el joven anteriormente mencionado, donde sus padres han virado a tiempo para corregir algunas equivocaciones. Porque considero que para ello también hay tiempo, anteponiendo la reflexión consciente. Mi médico urólogo en cambio, siempre que pasa consulta se encuentra acompañado de su hijo quien, a la vista le brinda el entrenamiento de tutor y el recién graduado es instruido minuciosamente por su padre, para seguir el legado por la siguiente generación.

Recurrente llega a mi mente otra experiencia para trasmitir a todos ustedes. Un ex compañero de secundaria entró a una tienda mayorista que yo administraba, esta formaba parte de un conjunto de comercios de propiedad familiar, me traslado al año 1992. Había pasado cuatro años luego de graduarnos y él me contaba, que estaba por licenciarse en Matemáticas y Física en una Universidad local; mi amigo me aseguraba que la fortuna lograda por nosotros era producto de ganar la lotería, aparte ese local contaba con ciento cincuenta metros cuadrados por planta y formaba parte de un edificio de tres niveles, y este era propiedad nuestra y no alquilada.

Ese patrimonio lo obtuvimos trabajando de manera incansable en pocos años todo el grupo, mis padres y hermanos. Tenía una pregunta para mi interlocutor, dije —¿qué carajos haces estudiando en un área en la cual yo era mejor que tú?; ¿no crees debiste elegir una específica, dirigida hacia la capitalización y gestión de negocios? —. Continúe, dije —cuando tu padre fallezca no podrás encargarte de las joyerías, haciendas y demás propiedades que recibirás de herencia, razón por la cual al poco tiempo producto de tu ignorancia empresarial terminaras en banca rota, llevarás a la quiebra en pocos años lo que a él le costó construir en décadas—. Concluida la conversación y sin respuesta de su parte, más que un silencio absoluto, nos despedimos. Al poco tiempo me enteré de boca de otro ex compañero de preparatoria, que nuestro amigo en común estaba cursando Finanzas, carrera que inicio hacia breve tiempo. La semilla que sembré en forma de duda, germinó eficientemente.

Mi padre antes de incursionar en el comercio, se dedicó por más de veinte años a la reparación y mantenimiento de máquinas de escribir, legado que en nuestra familia nadie siguió, pero el de comerciante, sí. Incluso nos ampliamos como emprendedores formales y empresarios. Soy un convencido que a mis hijos les proveeré de las mejores opciones, teniendo como base el conocimiento y experiencia, recorrido que puedo aportarles, aunado a ello habrá elecciones; serán sus decisiones. Comprendiendo que si a uno le gusta la música y puede ser excelente ejecutando un instrumento o cantando; será inevitable que eso haga. Por otra parte, mi hijo menor es muy sobresaliente en la práctica del fútbol, cuenta con solo cuatro años de edad; si es su camino porque le apasiona y el entusiasmo y vocación en ello rige su vida, no dudaré en apoyarlo. No siempre se aprende y se transmite por analogía, de vez en cuando inicia una generación con un potencial diferente.

10

LA REVELACIÓN

Las revelaciones en ocasiones aparecen o figuran en la realidad a través de presencias, milagros o apariciones; yo coincido en llamarlas causalidades. Se pueden experimentar a diario y aunque no las busquemos, se harán visibles a través de situaciones o personas, quienes nos harán reconocer un diamante en bruto por pulir. Cuando incorporaba conocimiento musical fui afortunado al encontrar en mi camino, un individuo que cambiaría mi vida para siempre. Ese gran amigo y tutor me abrió los ojos a una realidad desconocida para entonces, me educó en el autoconocimiento, la inteligencia autodidacta a desarrollar y los libros como primera herramienta de acceso para alcanzar logros; me retó a no ser del montón, a separarme de las mayorías. Ir más allá de lo disponible, a indagar por mi propia cuenta sobre lo no publicado y crear e innovar decididamente.

Esa es la única persona que me desafió a transitar por un camino diferente, el de aprender del sufrimiento del otro ahorrando el propio. En adelante me convertí, diversifiqué y me hice multidisciplinario. Siento atracción notable aparte de las Ciencias Económicas, por la Psicología y las áreas del desarrollo comportamental del ser humano. He adquirido múltiples herramientas y de diversa índole, esto aparece esparcido durante el contenido del texto y se refleja con toda seguridad en cada una de las páginas escritas, en resultados positivos y abundancia para los amables y entusiastas espectadores, mis amigos y homólogos, deseosos de conocimiento enriquecedor.

En cada capítulo, en cada episodio he conectado a través de vivencias lógicas y verídicas, que crean ataduras irrompibles; cuando el objetivo es sano y la intención justa los beneficiados somos los dos: tú y yo, lector y escritor. Es mi mayor deseo que puedas conseguir en este contenido argumentos suficientes para sentirte involucrado, valorado, identificado y comprometido, antes que para con los demás contigo mismo.

La última obra concluirá para cuando dejemos de respirar, mientras transitemos por este breve espacio denominado vida, necesario es conducirnos con fervoroso entusiasmo y con las mejores intenciones, hacia la plenitud en nuestro desarrollo cognitivo, bien sea como líderes o seguidores; ejecutivos u operativos; con ideas anticuadas o frescas. Somos dueños del destino que cada uno haya trazado en su mapa mental, las consecuencias y los resultados serán la playa donde caminaremos felices o el acantilado hacia donde nos empujará nuestras malas decisiones.

Nos estructura más que carne y hueso, emociones, además de estar conectados con nuestros congéneres, nos circunda una presencia etérea que se erige como fuerza impulsora, quien suministra a los inventores y creativos, del deseo necesario por desarrollar cuanta iniciativa se atraviese por su mente. Esta energía vital hará que no cansen las intenciones ni desmayen los intentos, hasta haber proyectado en la realidad lo que inició como una idea. Por descabellado que parezca, absolutamente todo lo que el ser humano esté dispuesto a colocar en su imaginación, puede convertirlo en un objetivo. Renuevo cada día mis esperanzas, insto a pensar en grande; creo y estoy seguro que el plan no muere con el último intento al concretarse; porque mientras haya una mente ávida y renovada, los límites se extenderán más.

Transmito muchos mensajes dejados con completa intención, buscando posicionar algunos en tu subconsciente de forma práctica y sin menoscabo alguno. Ratifico en cada texto que escribo mi ferviente anhelo de ser puente entre lo planeado y lo mucho por materializarse; con estas palabras y en este capítulo me empiezo a despedir momentáneamente. Es la segunda oportunidad brindándote mi más amplia gratitud, al permitirme experimentar juntos los eventos trascurridos al transitar por este sendero, que con estas últimas páginas llega a su fin.

Este texto: *Recoge tu diamante*, al igual que el anterior: *Eres afortunado*; buscan un objetivo transformador. Yo no soy nada sin Dios; pero él lo es todo sin mí. Aquí dejo de manifiesto, entre muchas frases célebres que publicaré de a poco, todas de mi autoría: "yo sin ustedes no soy nada, pero sin mí seguirán siendo lectores; el hecho que me aceptes es lo que permitirá, llamarme escritor".

Creo y es principio básico en mi vocabulario, conectarme verbal y tácitamente con mi ente superior, como yo lo concibo; apelo a diario a su orientación de manera directa. Respeto y valoro el hecho de que las mayorías necesitan y cuentan con un guía, eso es muy importante, sin embargo, yo hago contacto con él en cada momento que interiorizo y congenio con lo trascendental.

Lo escrito en estas líneas y párrafos no se irá con el viento, luego de protegido la propiedad intelectual cada texto pasa por uno o varios editores; posteriormente estará a exposición pública por tiempo indefinido. No hago esto para luego detenerme, se deja un legado por siempre; ni el fin de mi existencia física impedirá que lectores se beneficien de lo contenido aquí. Por ello resalto la necesidad de mi contraparte y dador de vida, sin su intervención no sería posible ninguna de mis publicaciones. Este texto es el segundo de la saga de cinco que he decidido publicar a muy corto plazo, ya están sus títulos, parte de sus subtítulos y también el contenido.

La mente es el cofre donde permanecen los tesoros más invaluables, démosle la información correcta para que recibamos: paz, amor, armonía interior, relaciones provechosas y salud abundante. No hay exuberancia equiparable a obtener una vida longeva con riqueza y digna de ser seguida. Con legados que no se pierden en el tiempo y espacio, esa es mi humilde contribución; busquemos el crecimiento desde nuestro yo interno. Abracemos a través de nuestros pensamientos lo anhelado, hasta la conquista de los terrenos más inexplorados y con ello en mente, todo podremos hacerlo realidad.

Mis mayores y mejores deseos, mi enorme gratitud; que sientan como mis brazos se extienden para darle un fuerte apretón de manos. Mil gracias, este es un hasta luego, hasta pronto, hasta entonces. A veces la vida hay que llevarla por el canal lento, el de la reflexión y meditación, esta es ahora mi vía; aquí siento la comodidad para lograr cuanto quiero, de a uno por vez. Depósito mi confianza en la fuerza proveniente de mi interlocutor invisible, quien teje el telar de palabras que brotan de mi pensamiento, construyendo ideas, completando párrafos, concretando páginas. No llenando hojas, aquí no hay material de relleno.

En estos momentos soy autónomo, cada espacio es contenido con conocimiento válido, con carácter y capacidad de influenciar, de guiar hacia delante, hasta la concreción. Vamos a la cúspide de la colina, partiendo de la base de esta. Cual alpinista necesita de herramientas y conocimiento especializado, un cuerpo y mente adaptable y las condiciones naturales necesarias para escalar el Everest.

Mi único interés ha sido añadir, adicionar y de uno por vez, quedarme atrapado en tu corazón y mente, que por básico o elaborado que sea el concepto o la temática, haya logrado irrumpir en tu interior. Aspiro haber conquistado un espacio, él me permitirá que desees conocer las nuevas y futuras propuestas editoriales. Se va acercando el fin de este texto y se nota mi nostalgia, pero con ella la esperanza de encontrarnos en una nueva aventura.

Te espero en una nueva experiencia, en la cual seguiré siendo proveedor de los fundamentos dispuestos para que encumbres tus proyectos y los hagas realidad, únete al club de los vencedores. El viento está a favor, el clima es propicio; vamos juntos a conquistar tus sueños. Por siempre, bendiciones.

Javier Osorio Barajas es un emprendedor multidisciplinario con casi 40 años de experiencia en diversos campos del desarrollo económico y el crecimiento personal. A los 50 años, decide dedicar su vida a educar y compartir con las masas los secretos de la energía y sabiduría que lo impulsan. Concibe el conocimiento como una fuente de liberación. Innovador y reflexivo, Javier ofrece una serie de herramientas que han sido clave en su vida para sistematizar sus experiencias, mejorar su toma de decisiones, enfrentar desafíos y reconocerse como un ser humano pleno. Su realización no se basa solo en la libertad financiera, sino también en su entrega a la familia y a la comunidad. Su primer libro *Eres afotunado* es una obra transformadora que, desde la experiencia personal, nos invita a encontrar abundancia tanto en nuestro mundo interior como en su reflejo exterior. Sus lectores, a quienes Javier frecuentemente llama "extraordinarios", encontrarán en esas páginas opciones para promover el crecimiento personal y social. Los testimonios que comparte son una oportunidad invaluable para reforzar la confianza en lo que somos, a pesar de las sorpresas que puedan traer las variables externas. *Recoge tu diamante,* da continuidad a esta línea de reflexión que sin duda será fundamental para la realización humana, dándole valor a lo que realmente lo tiene. En este, segundo libro: *Recoge tu diamante* el autor se define como un "un cultivador de esperanza". Sigue con su labor formadora encontrando la riqueza que otorgan los momentos de crisis, las oportunidades que da conocerte, entregarte, la búsqueda del conocimiento de manera autodidacta y las metas por cumplir como método de vida, con una disposición transformadora imperecedera que trasciende la lejanía y arrastra por el surco que dejas tras tu actitud.

ÍNDICE

PRIMERA EDICIÓN
En la composición de este libro
se usaron las fuentes tipográficas
Helvetica Neue, Libre Baskerville.

Se imprime a partir del mes de
noviembre de 2024
por el servicio de impresión
por demanda de Amazon KDP